nF421418

THIRD GRADE MULTIPLICATION BASICS

Math Book Multiplication and Division Children's Math Books

LET'S PRACTICE MULTIPLICATION!

Complete the circle by multiplying the number in the center by the middle ring to get the outer numbers.

This set has been answered as a guide.

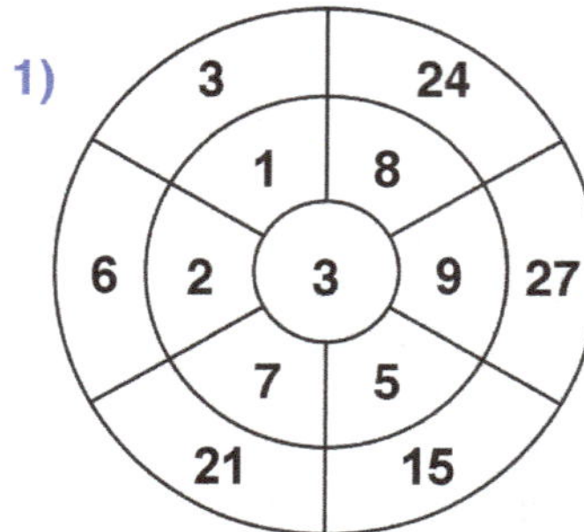
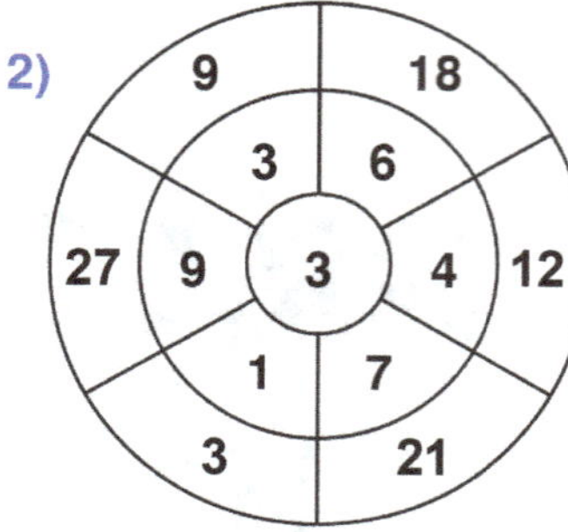
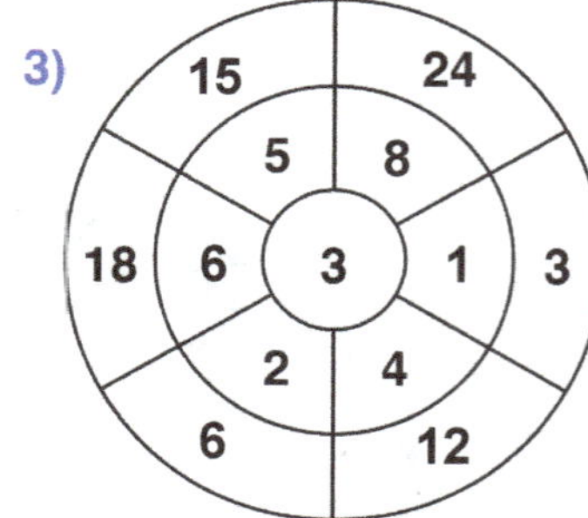

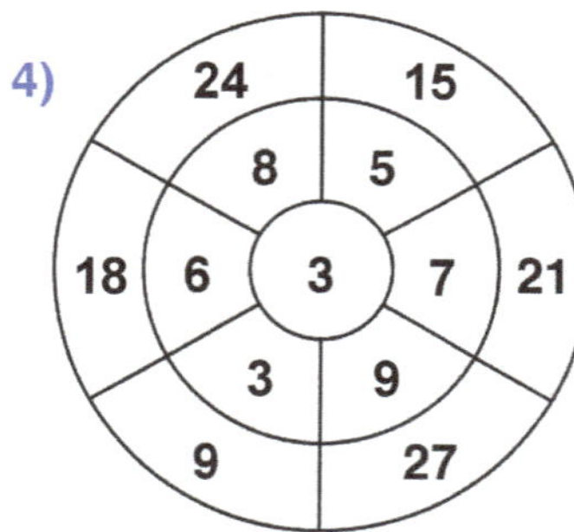
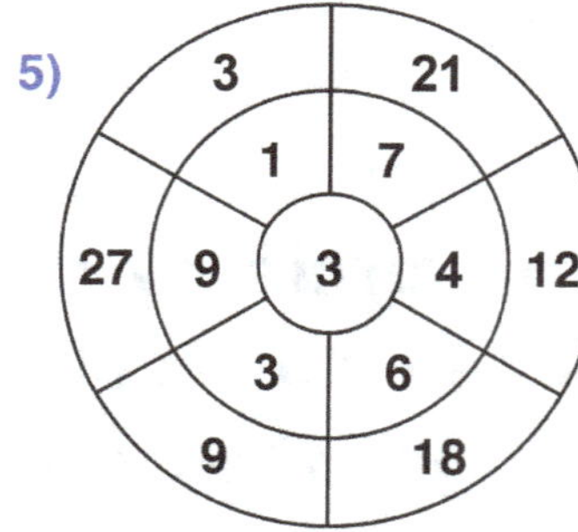
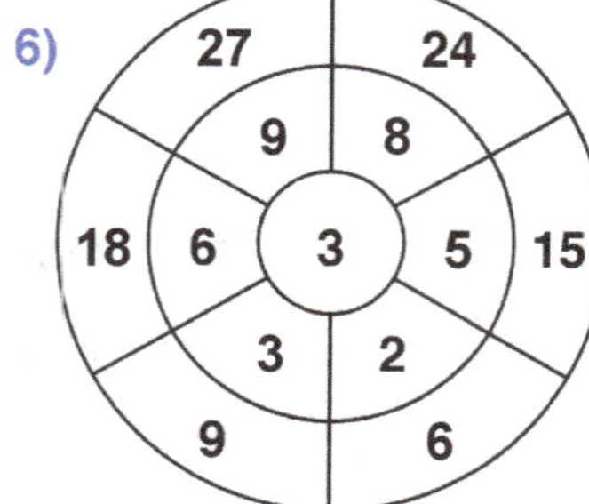

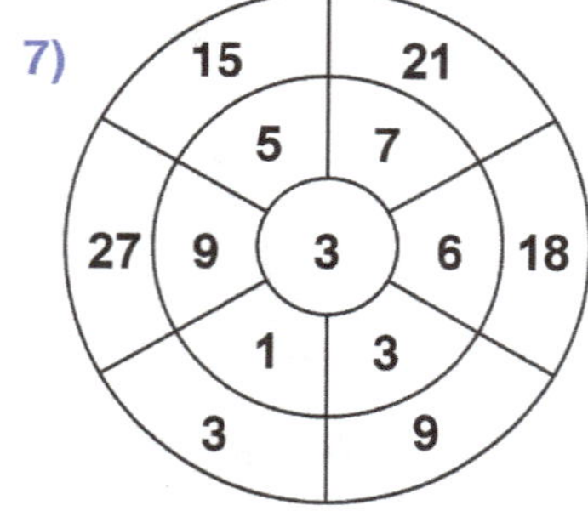
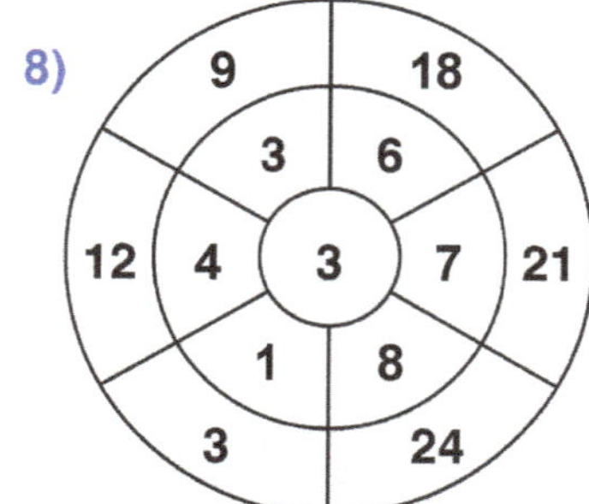
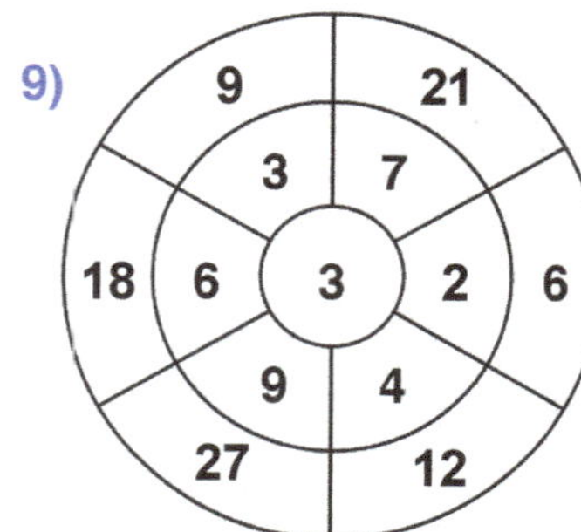

1) 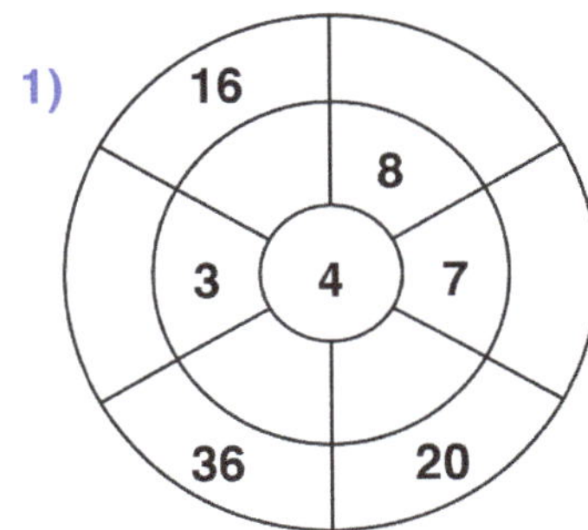

2) 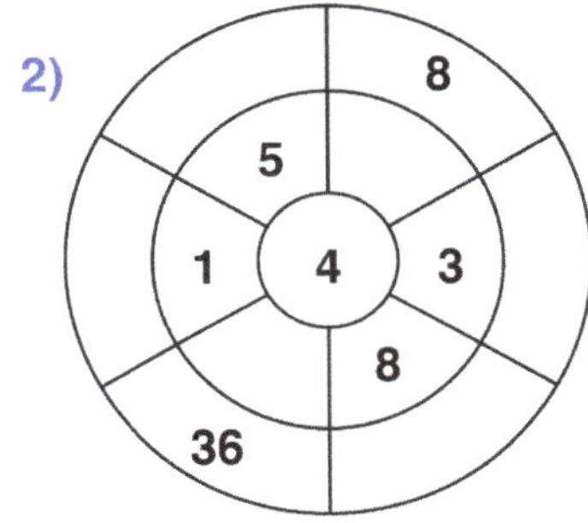

3) 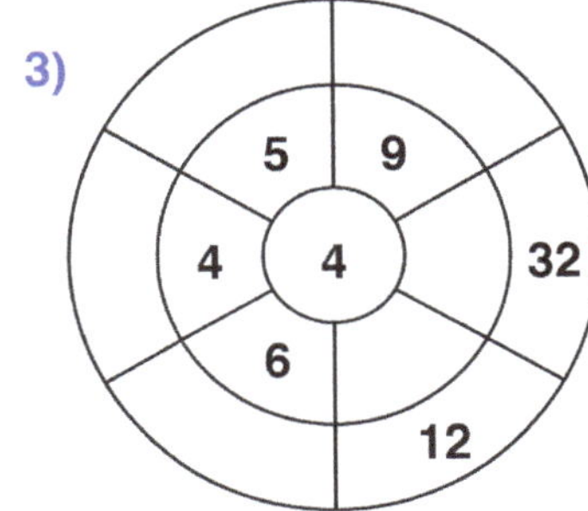

4) 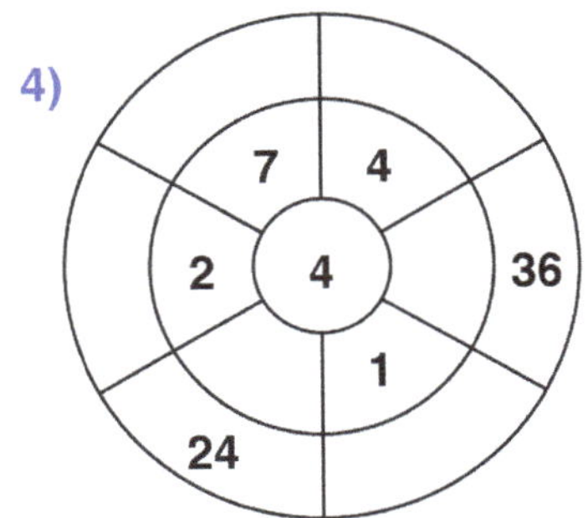

5) 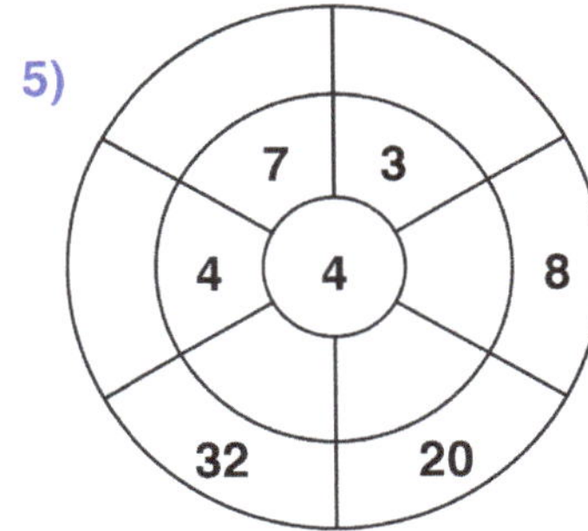

6) 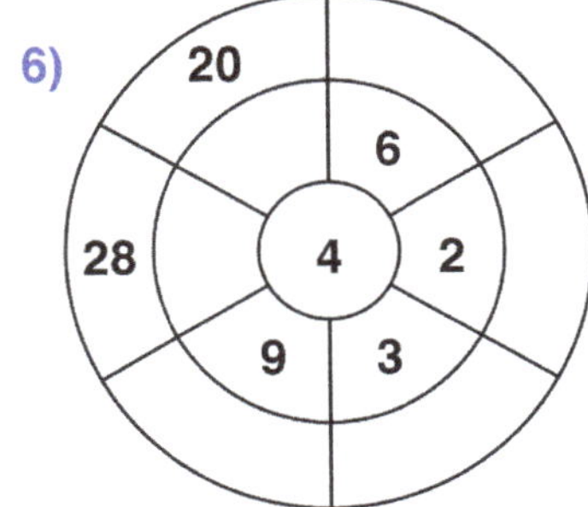

7) 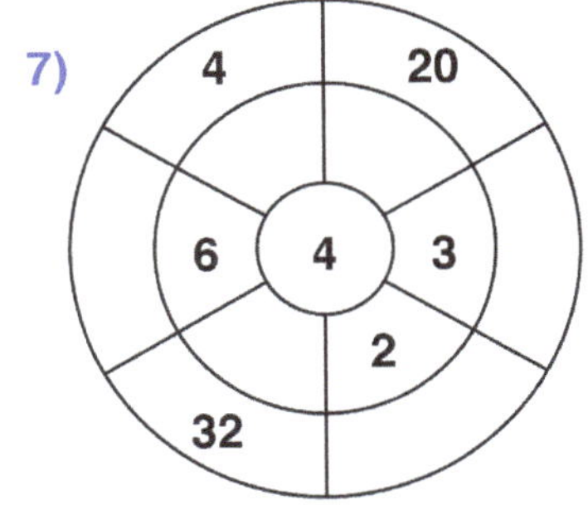

8) 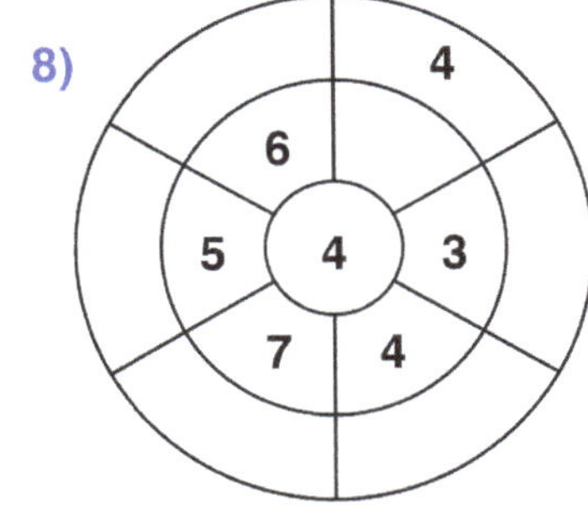

9) 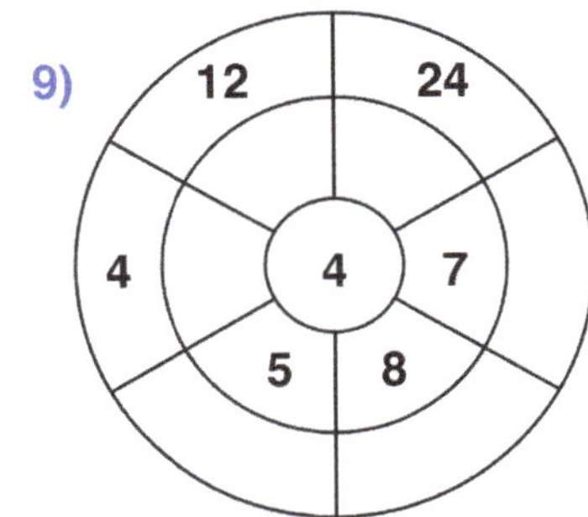

1)
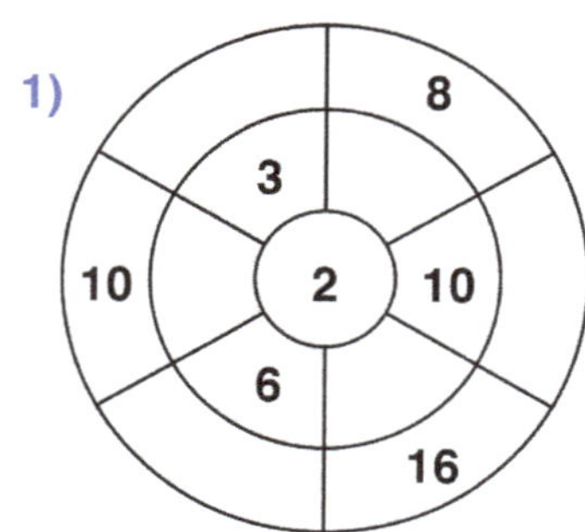

2)
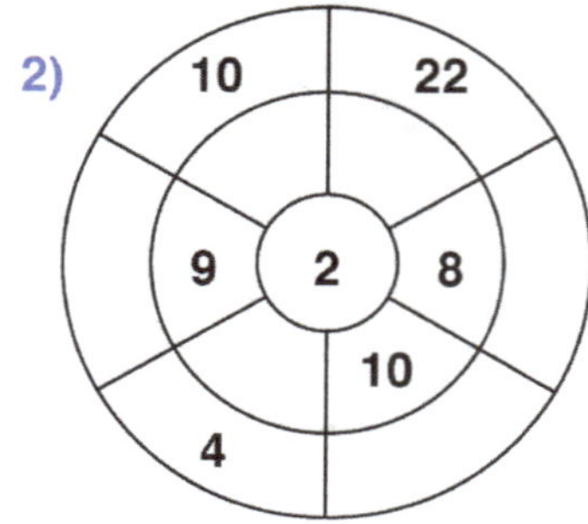

3)
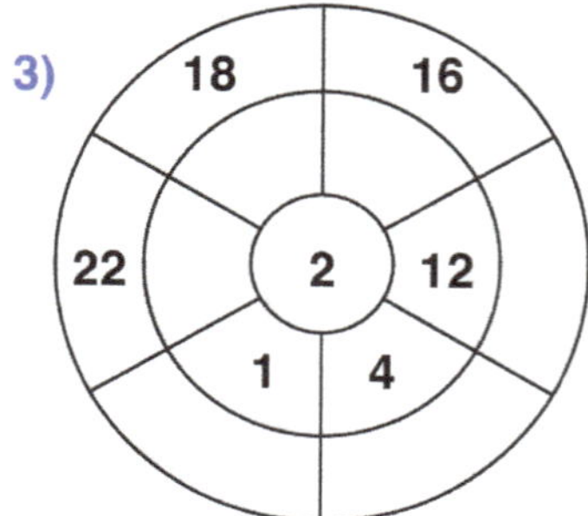

4)
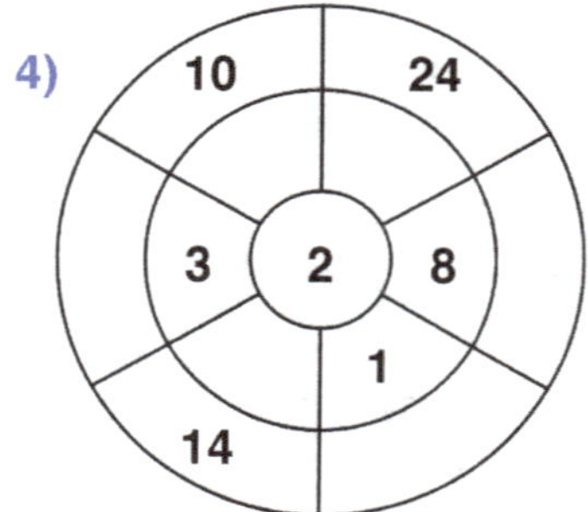

5)
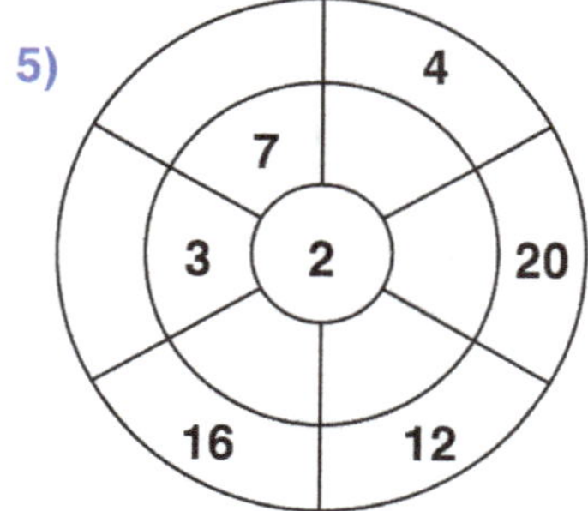

6)
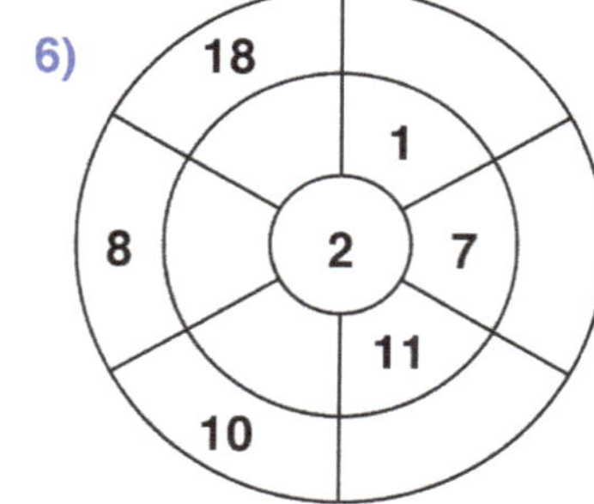

7)
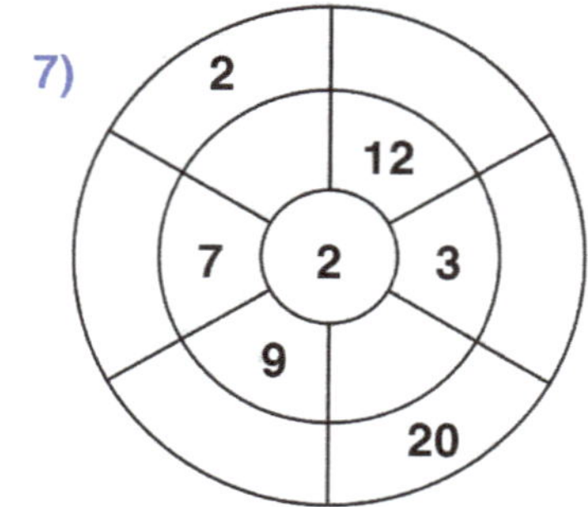

8)
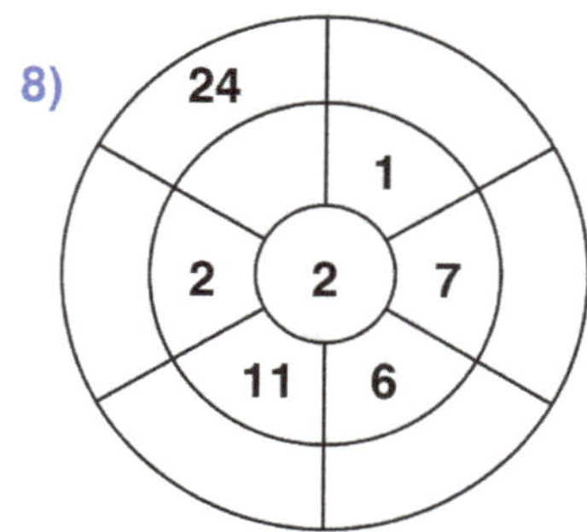

9)
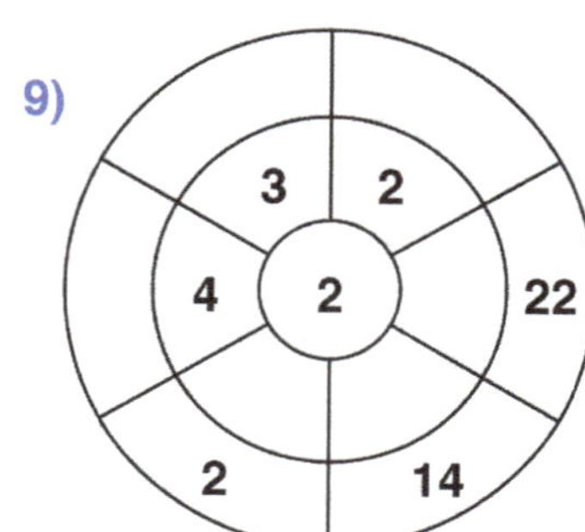

1)
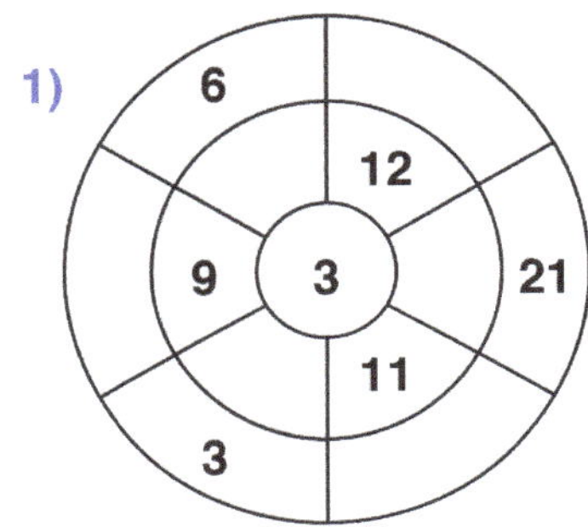

2)
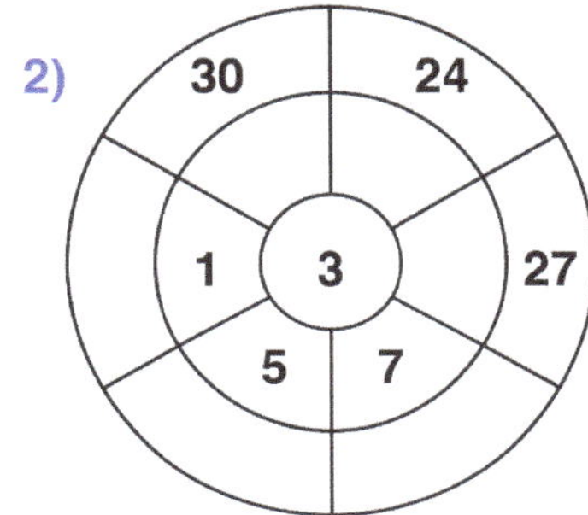

3)
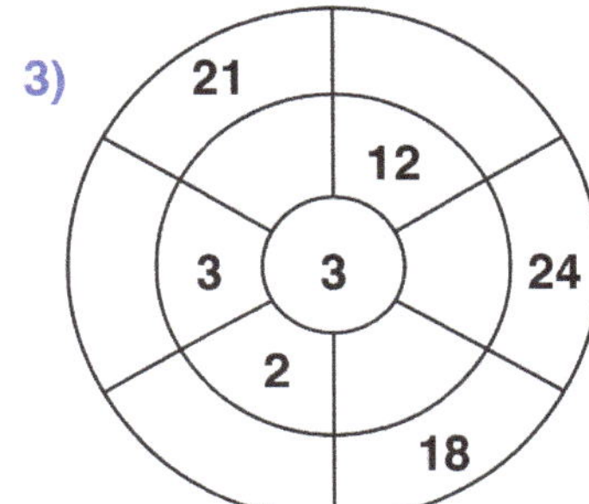

4)
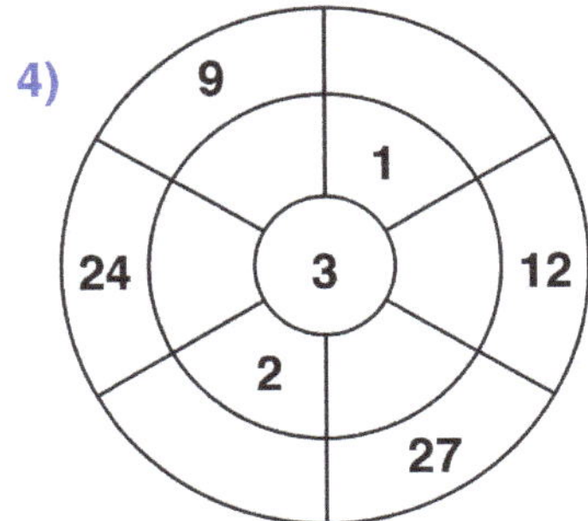

5)
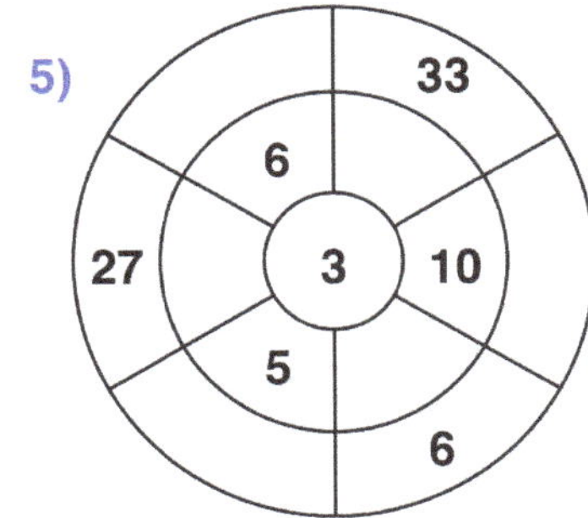

6)
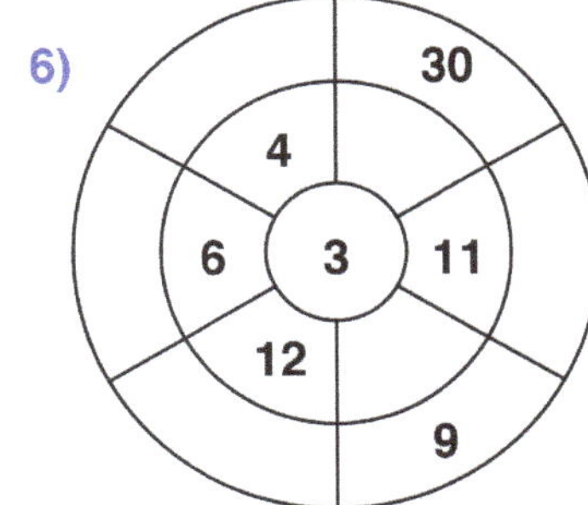

7)
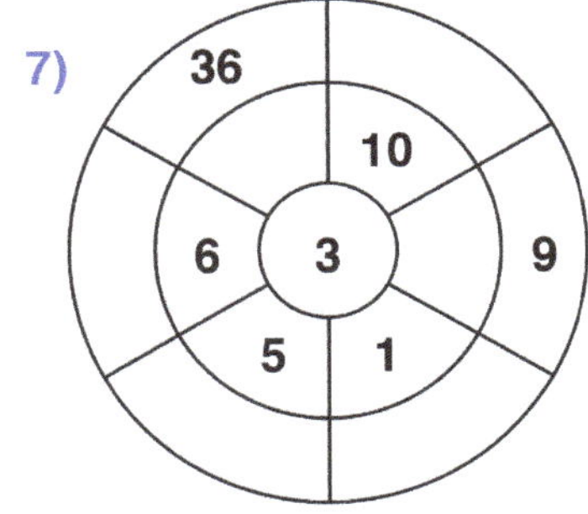

8)
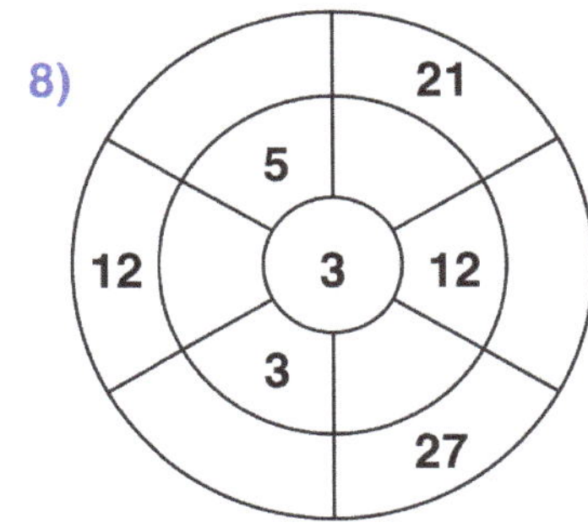

9)
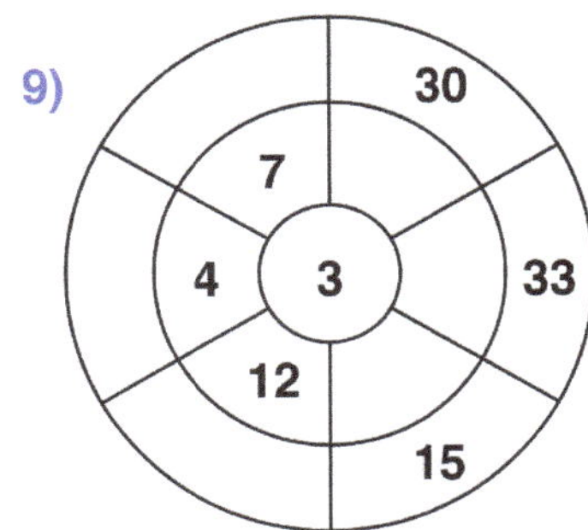

1) 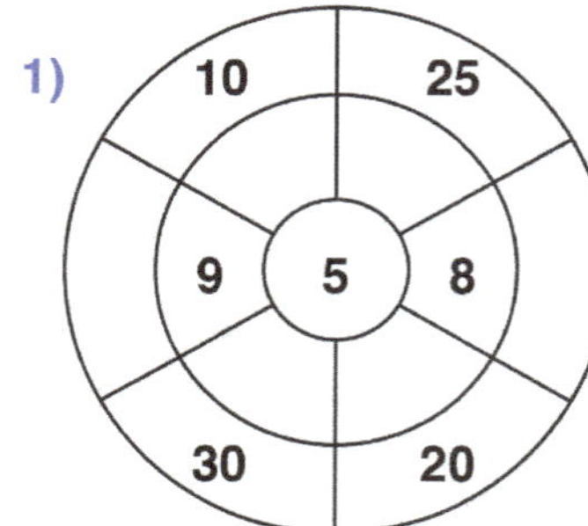

2) 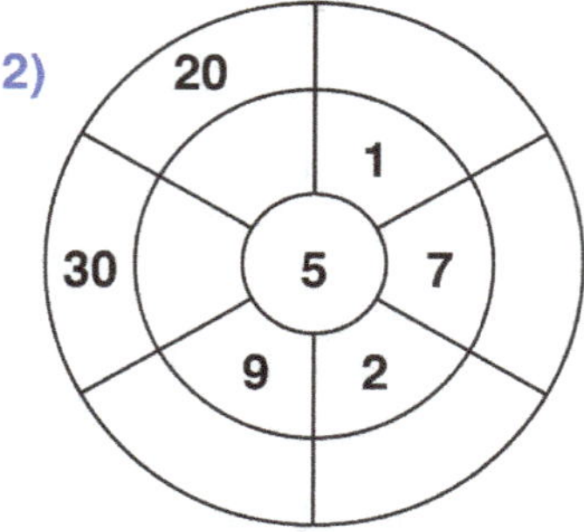

3) 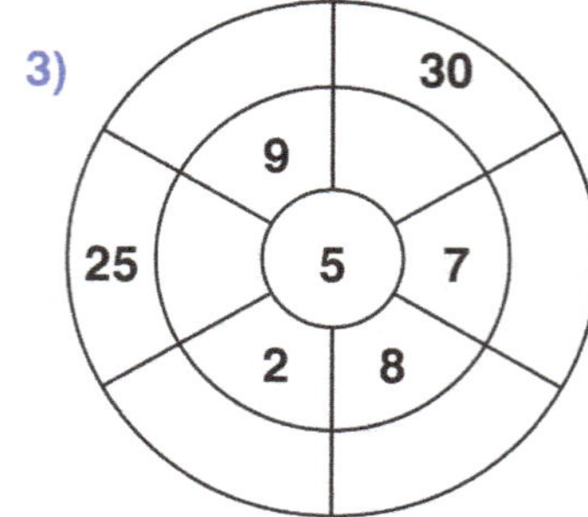

4) 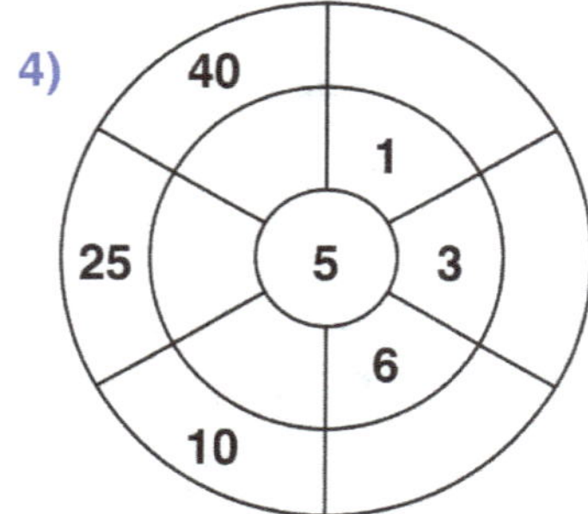

5) 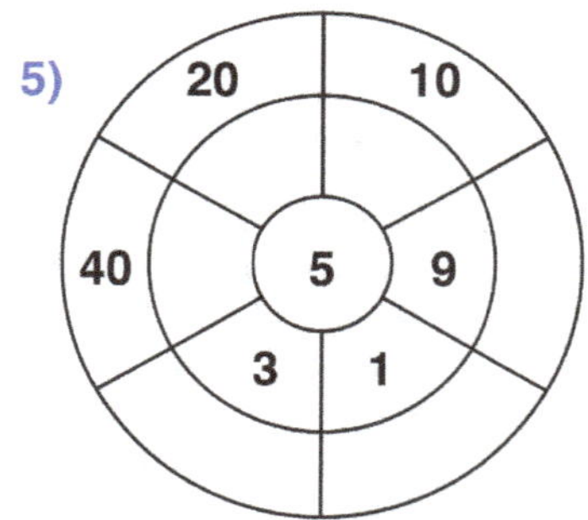

6) 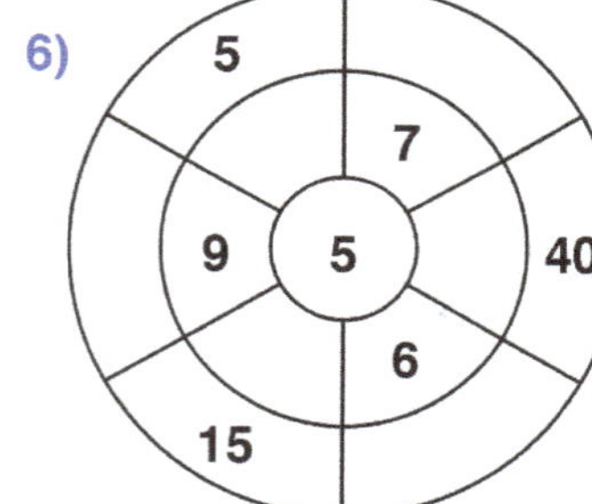

7) 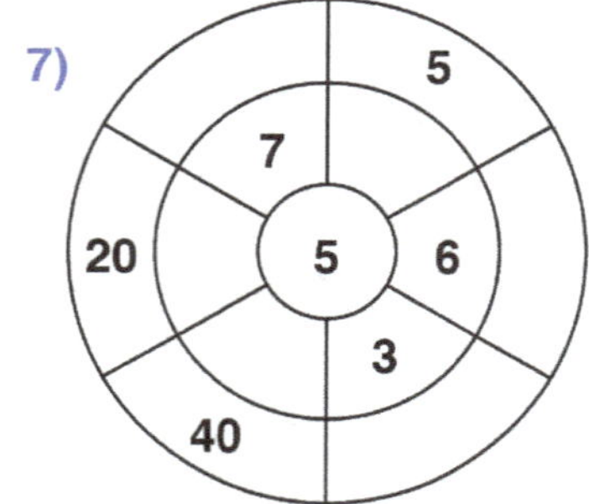

8) 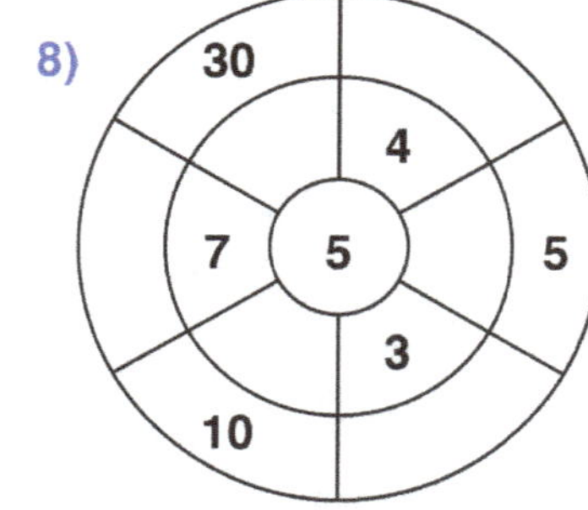

9) 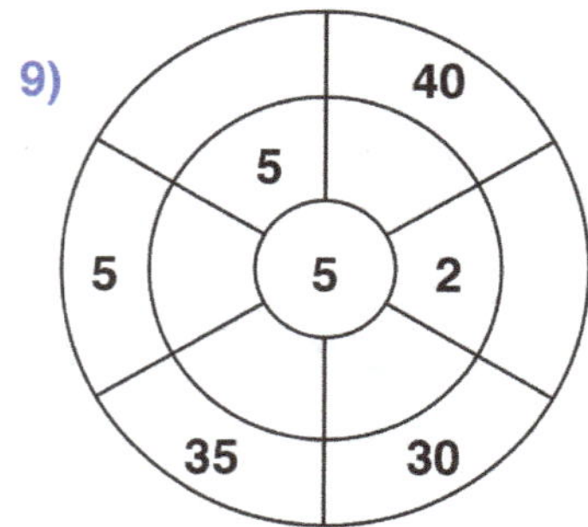

EXERCISE NO. 6

1)
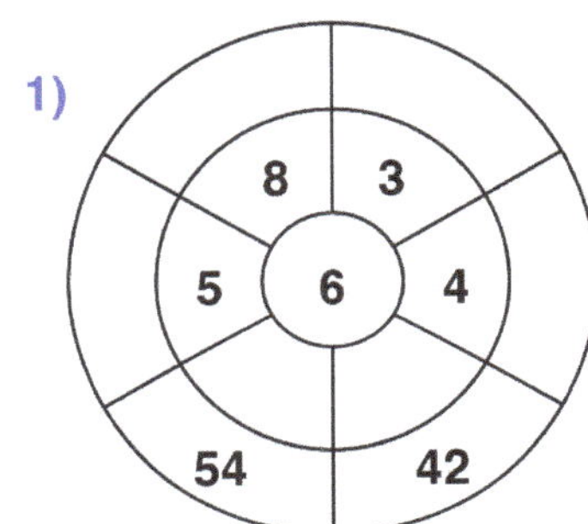

2)
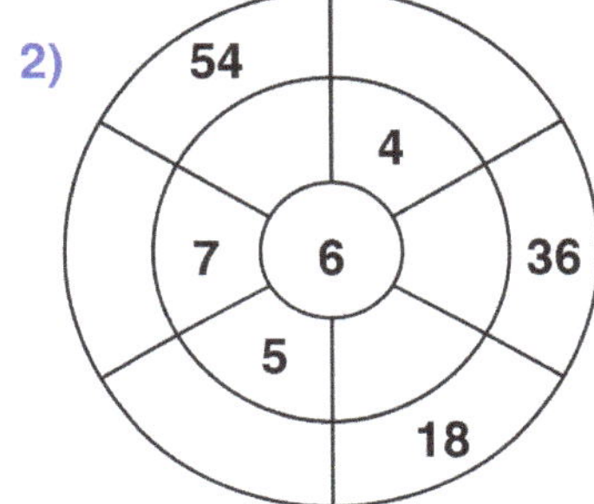

3)
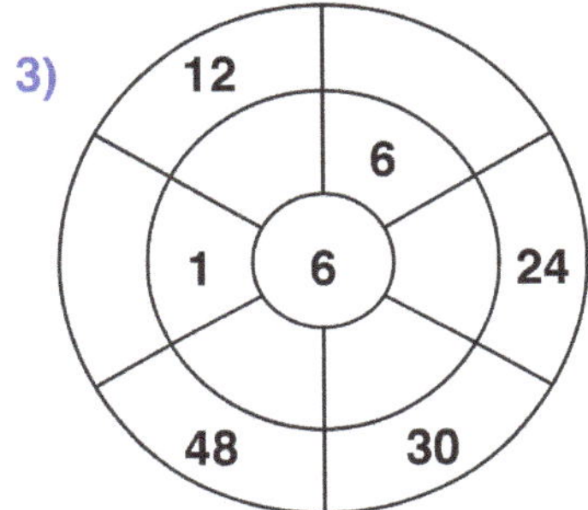

4)
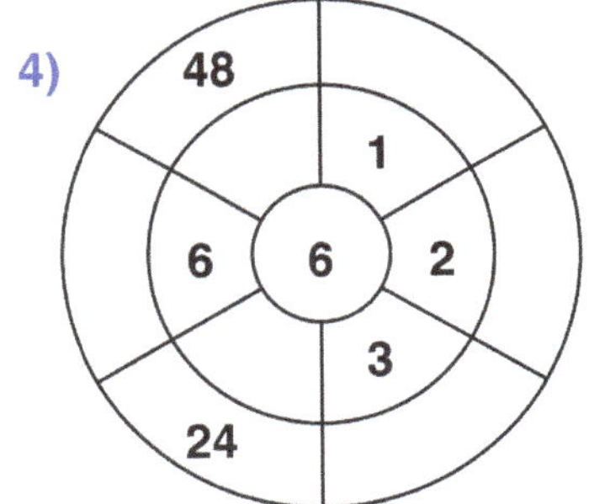

5)
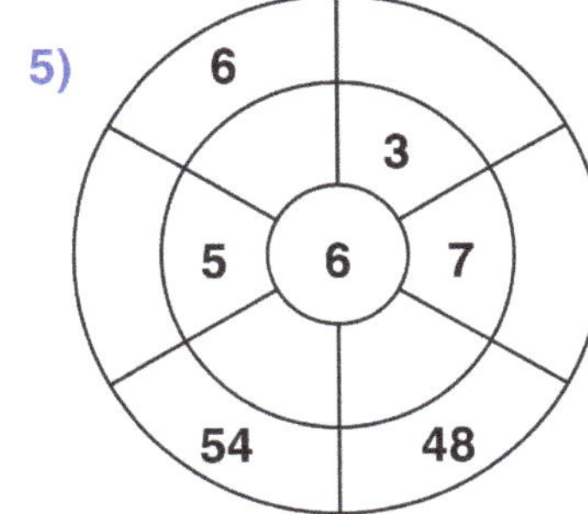

6)
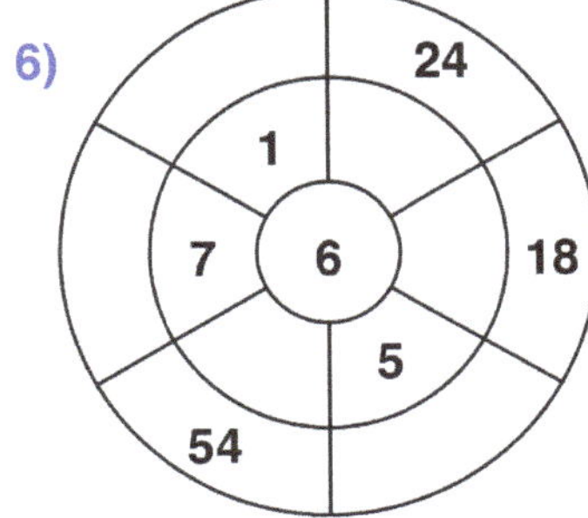

7)
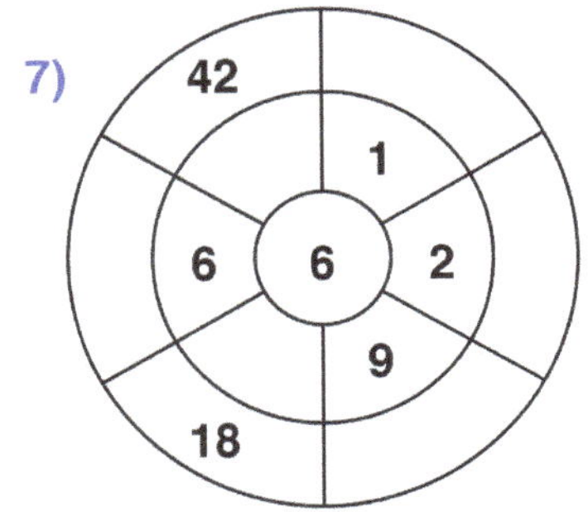

8)
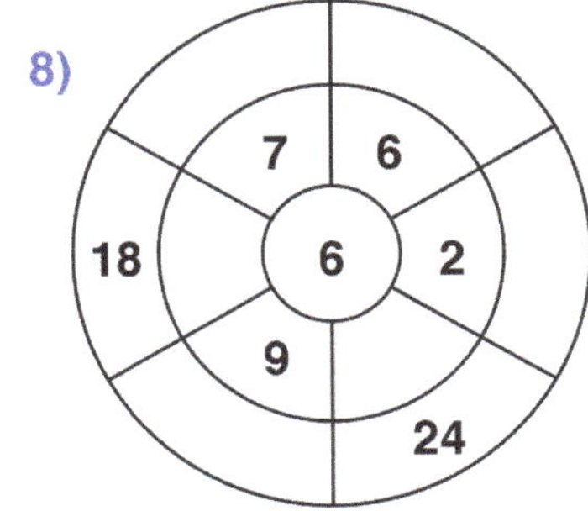

9)
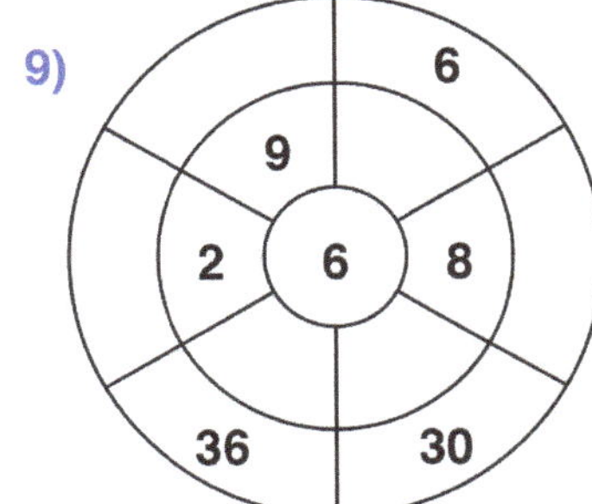

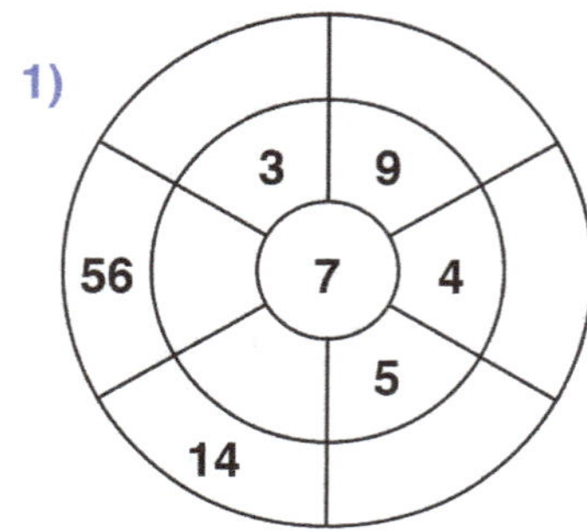

1) Center: 7. Numbers: 3, 9, 4, 5, 14, 56

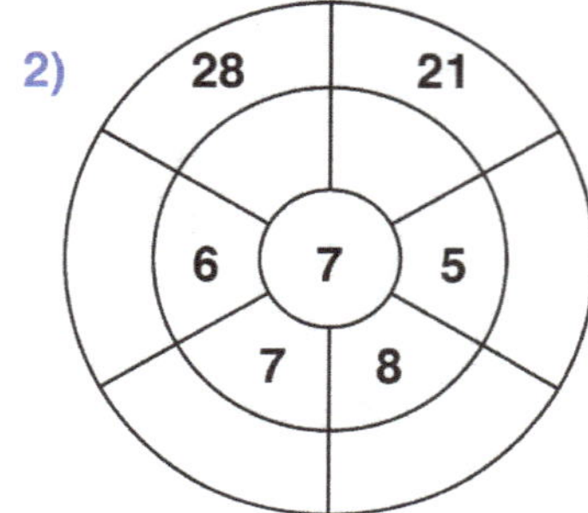

2) Center: 7. Numbers: 28, 21, 5, 8, 7, 6

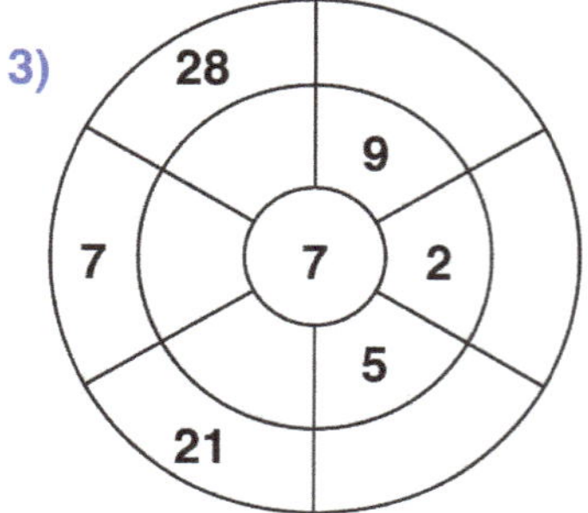

3) Center: 7. Numbers: 28, 9, 2, 5, 21, 7

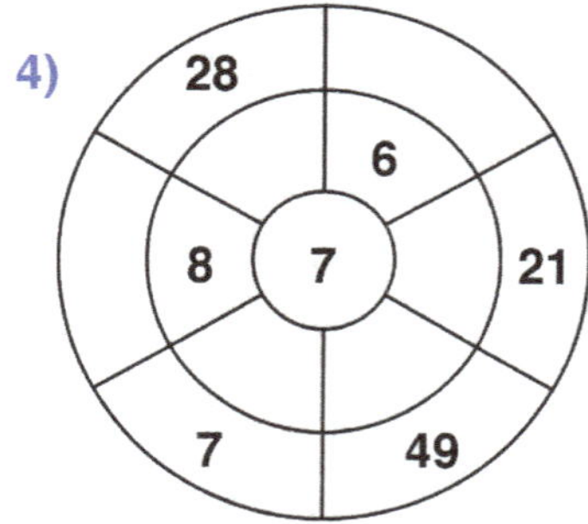

4) Center: 7. Numbers: 28, 6, 21, 49, 7, 8

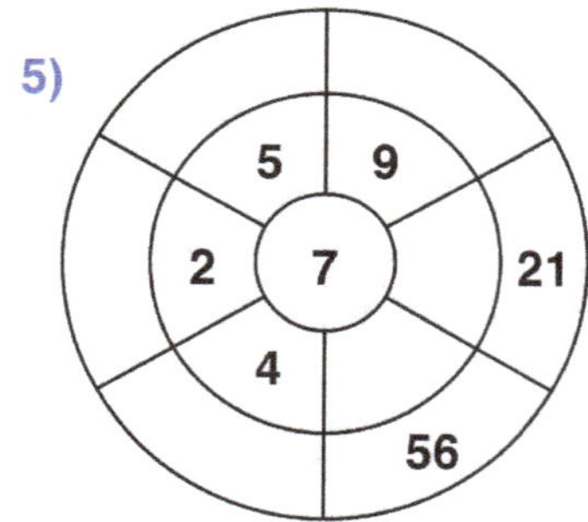

5) Center: 7. Numbers: 5, 9, 21, 56, 4, 2

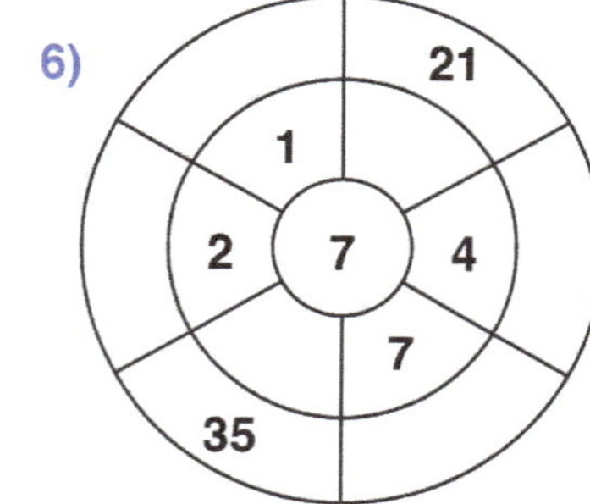

6) Center: 7. Numbers: 21, 4, 7, 35, 2, 1

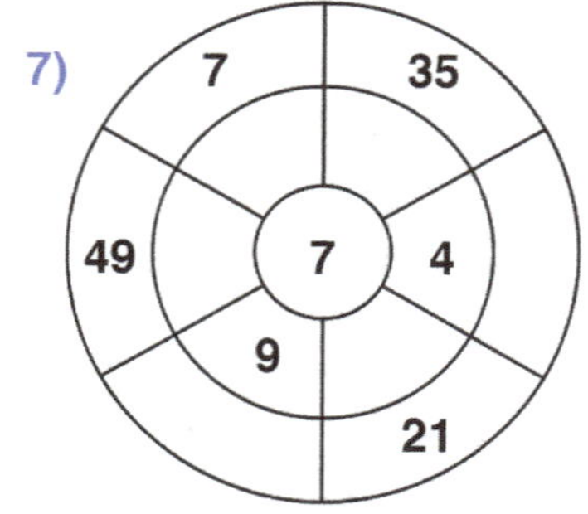

7) Center: 7. Numbers: 7, 35, 4, 21, 9, 49

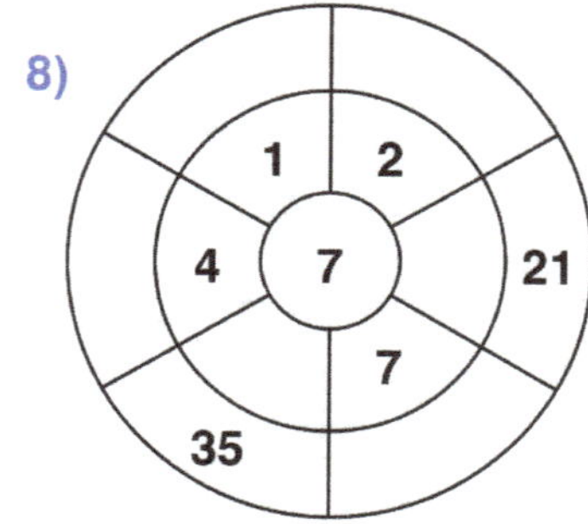

8) Center: 7. Numbers: 1, 2, 21, 7, 35, 4

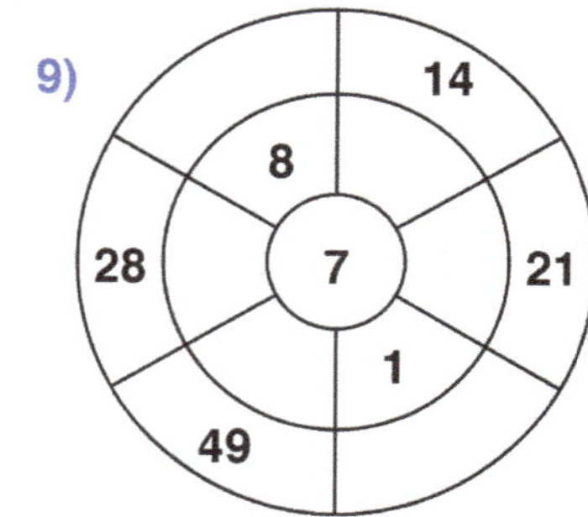

9) Center: 7. Numbers: 14, 21, 1, 49, 28, 8

1)
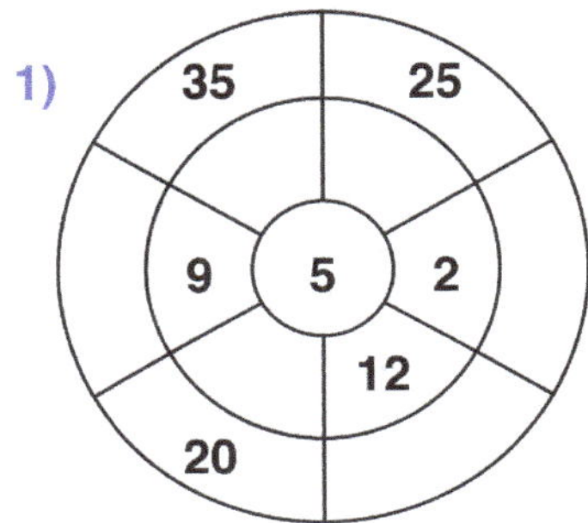

2)
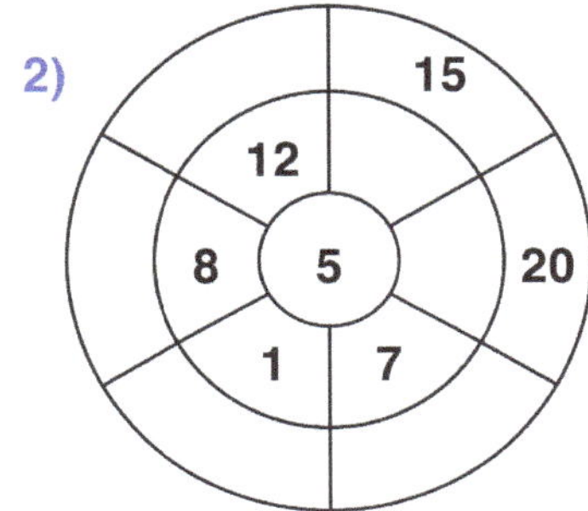

3)
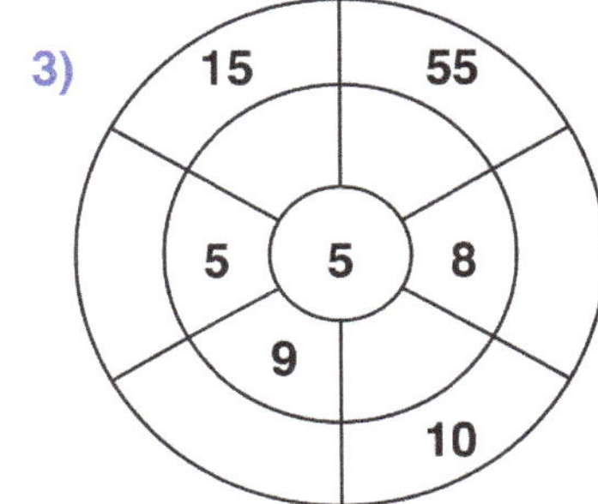

4)
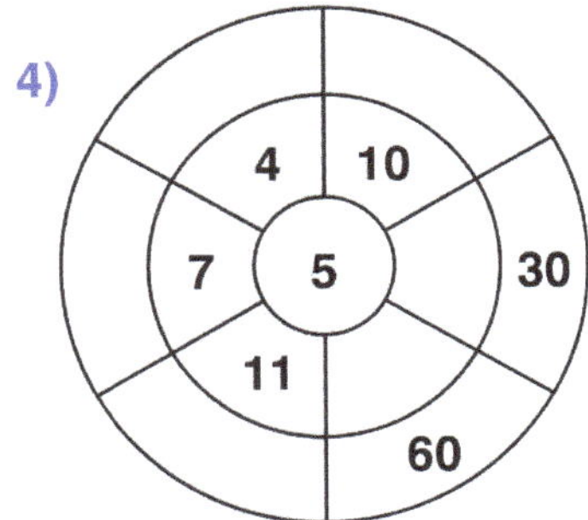

5)
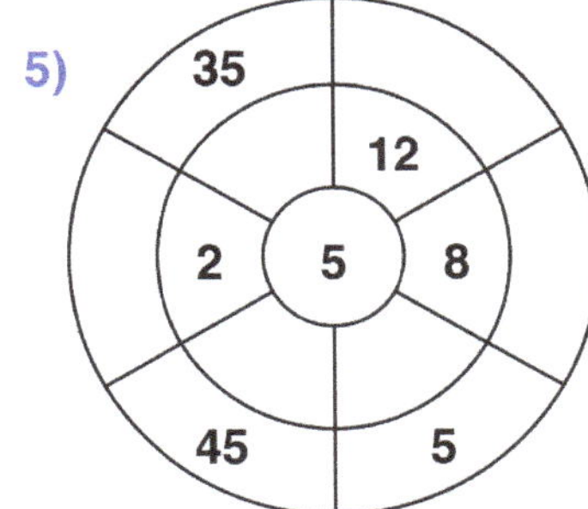

6)
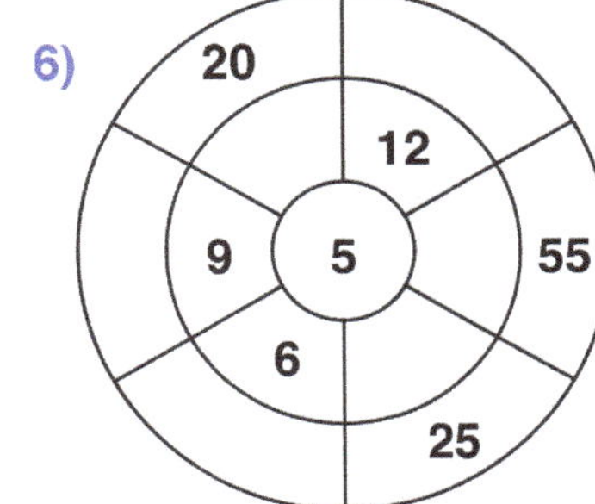

7)
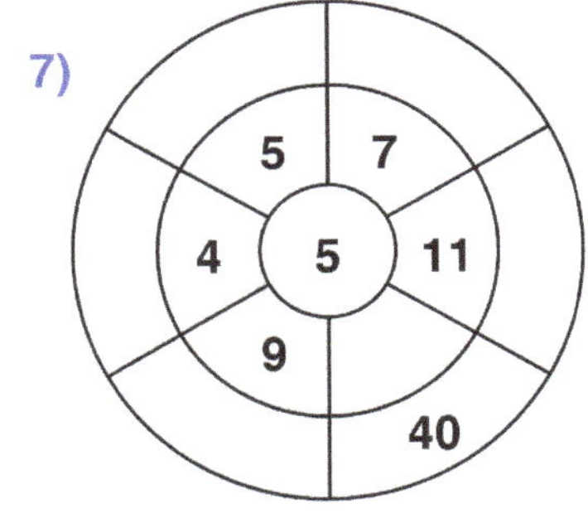

8)
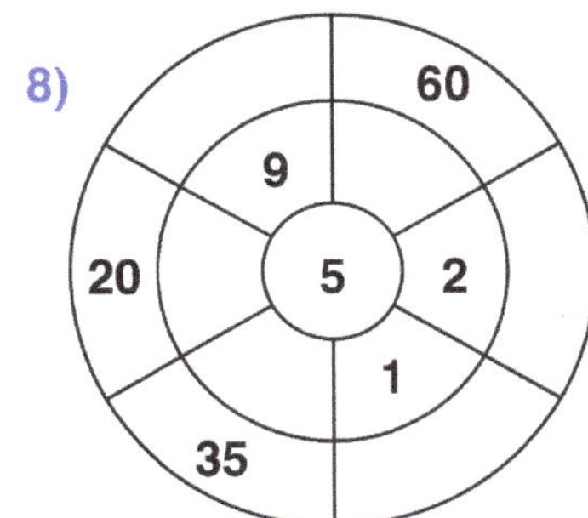

9)
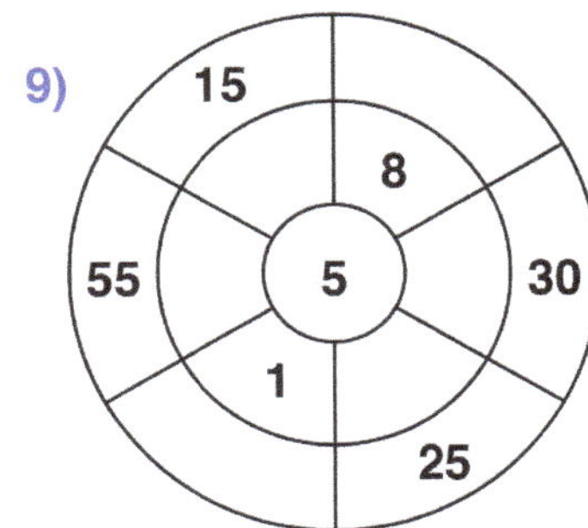

EXERCISE NO. 8

35
25
9
5
2
12
20

15
12
8
5
20
1
7

15
55
5
5
8
9
10

4
10
7
5
30
11
60

35
12
2
5
8
45
5

20
12
9
5
55
6
25

5
7
4
5
11
9
40

60
9
20
5
2
1
35

15
8
55
5
30
1
25

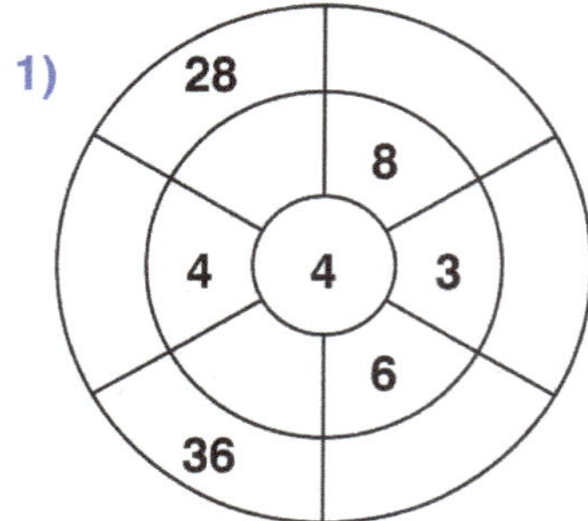
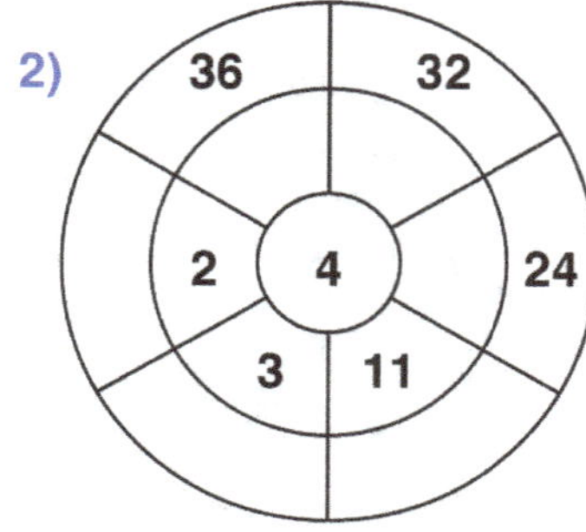
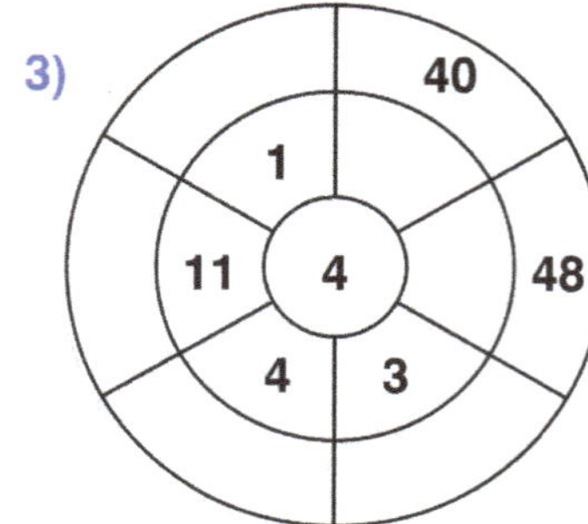

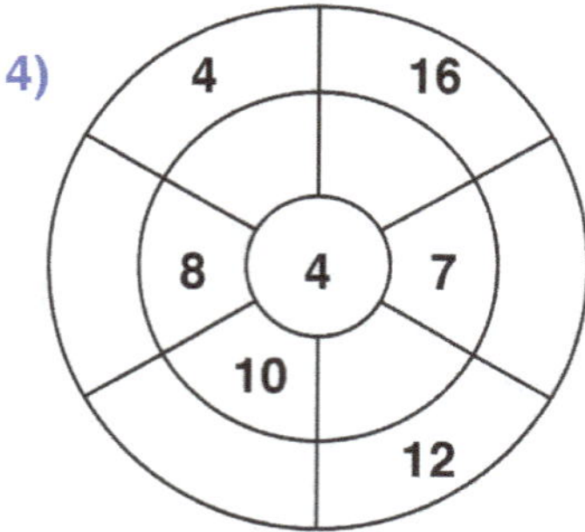
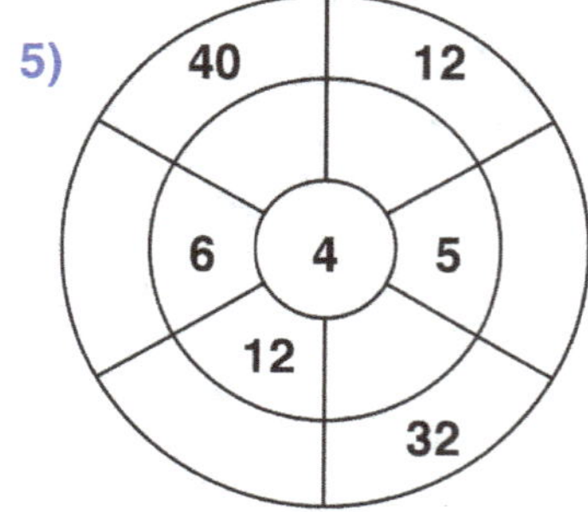
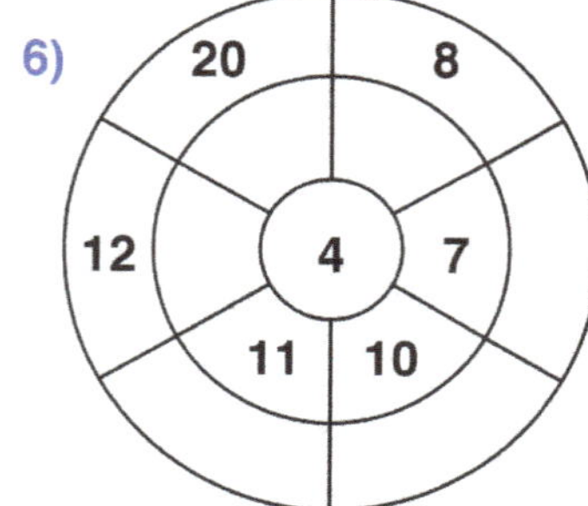

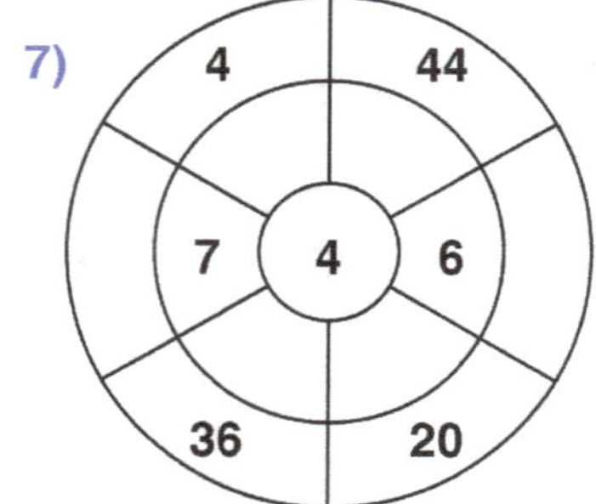
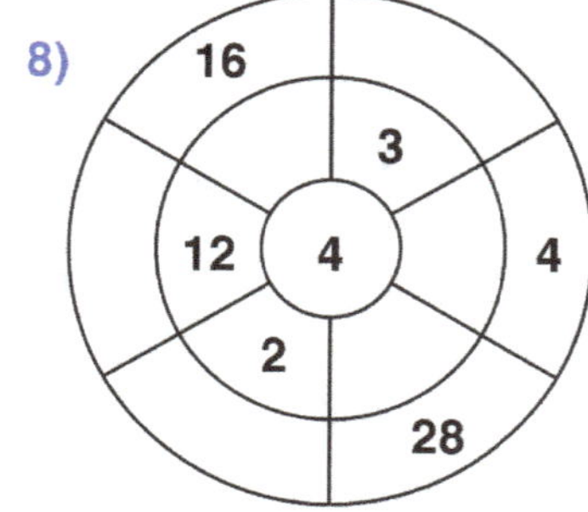
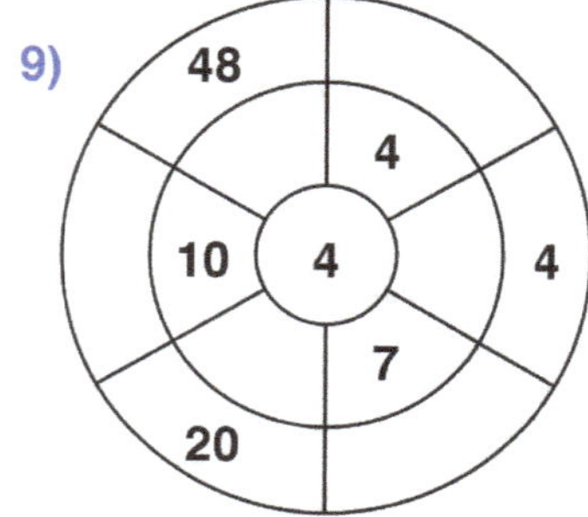

EXERCISE NO. 10

1) 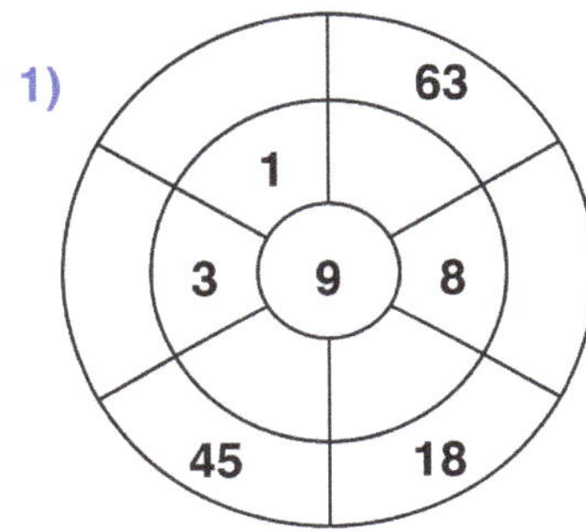
2) 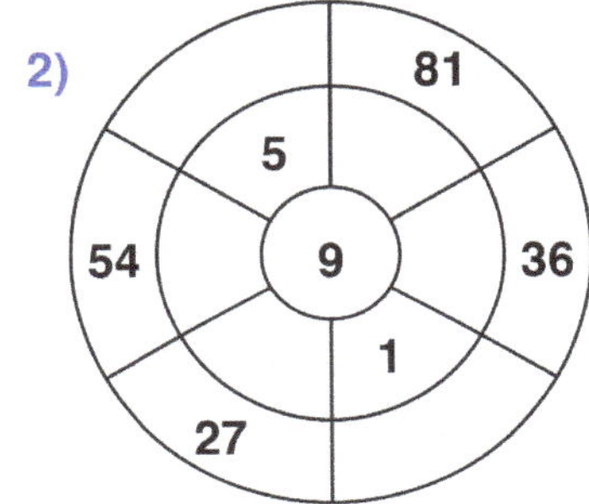
3) 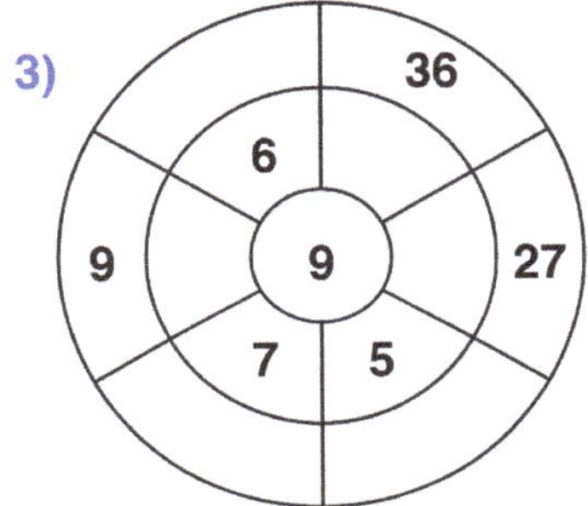

4) 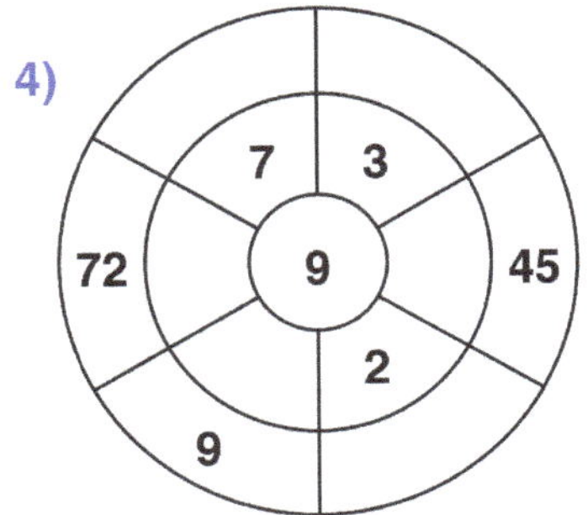
5) 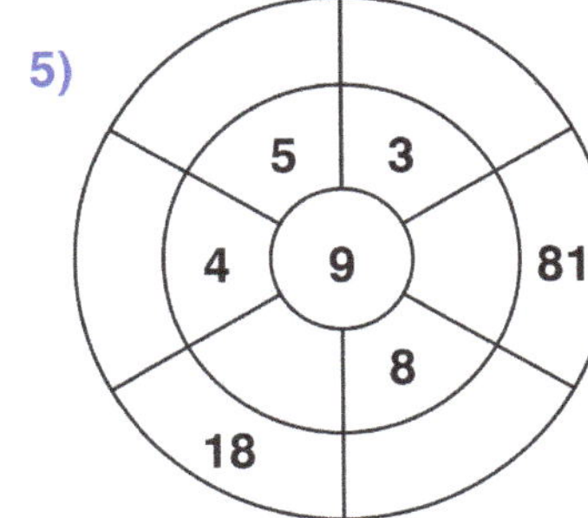
6) 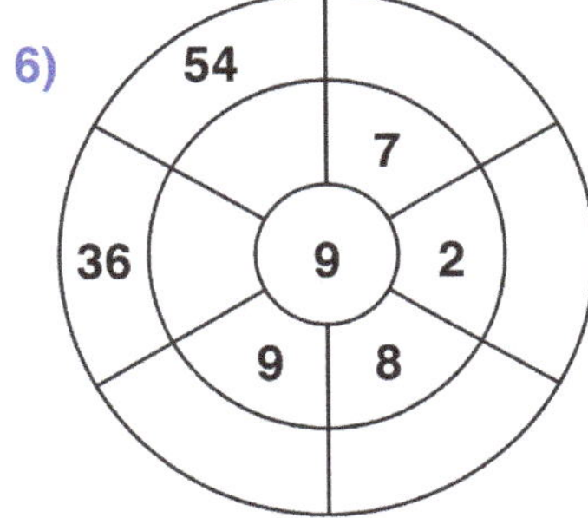

7) 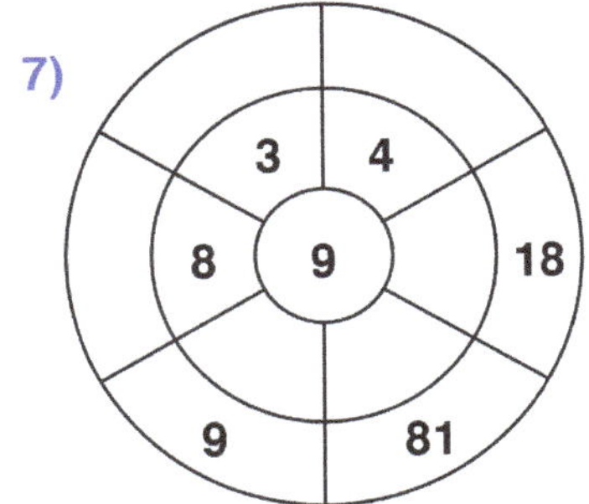
8) 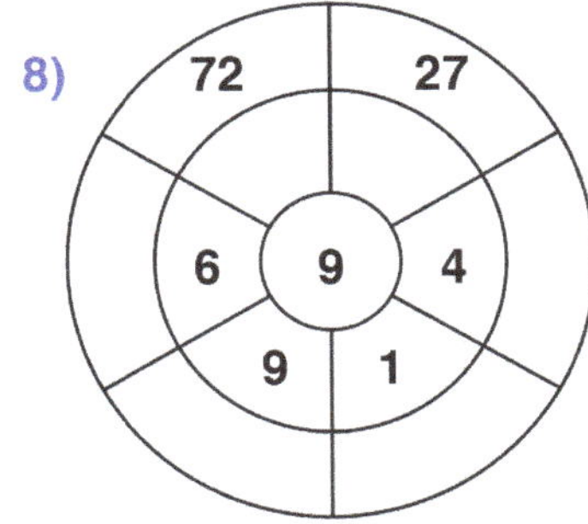
9) 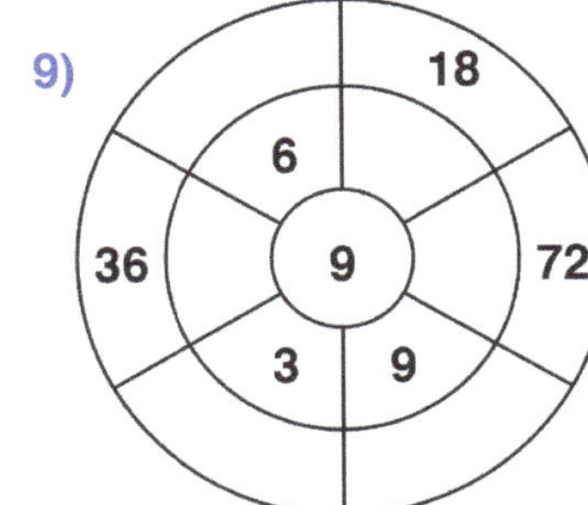

1) 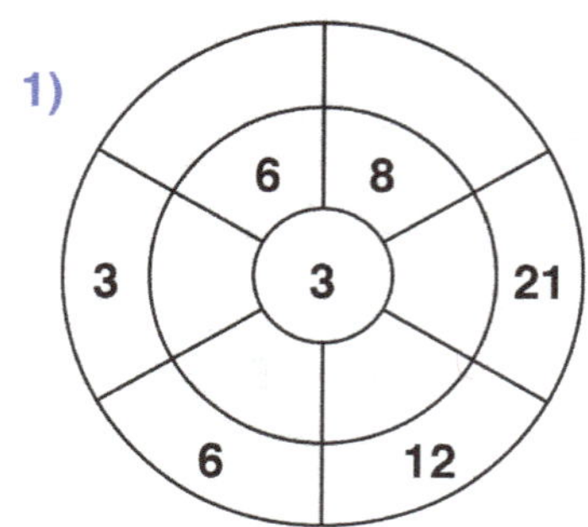

2) 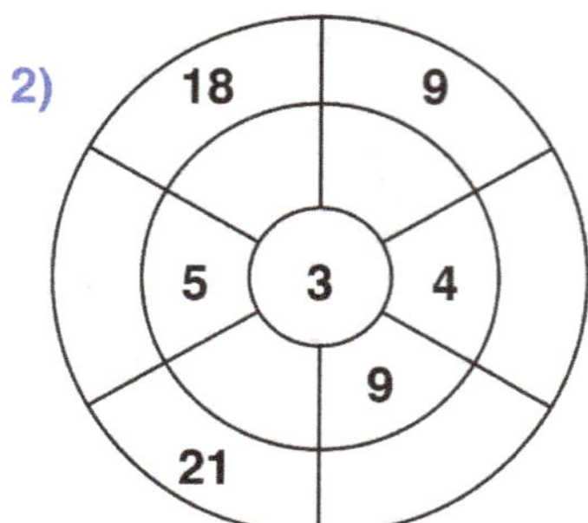

3) 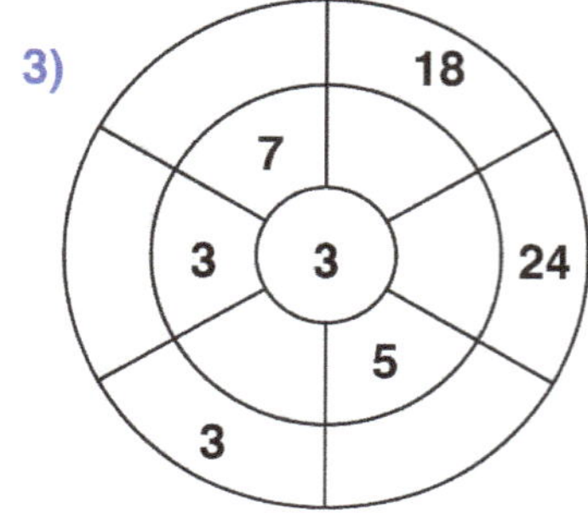

4) 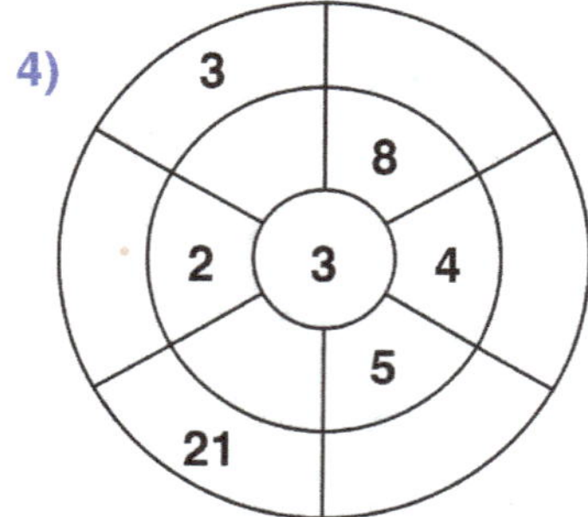

5) 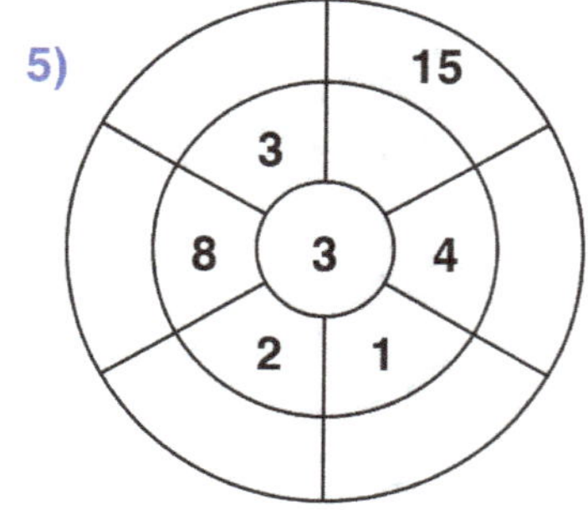

6) 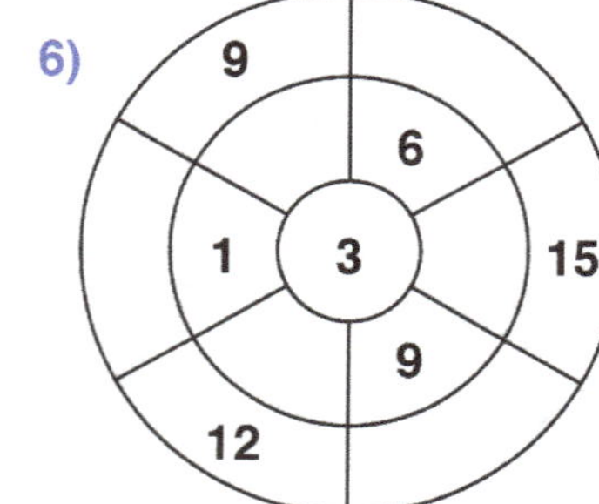

7) 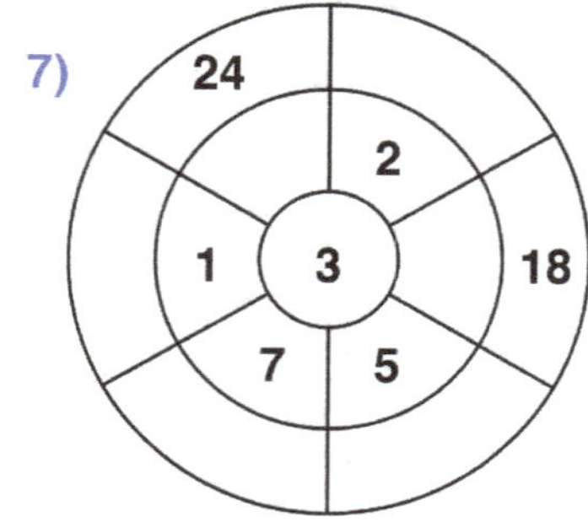

8) 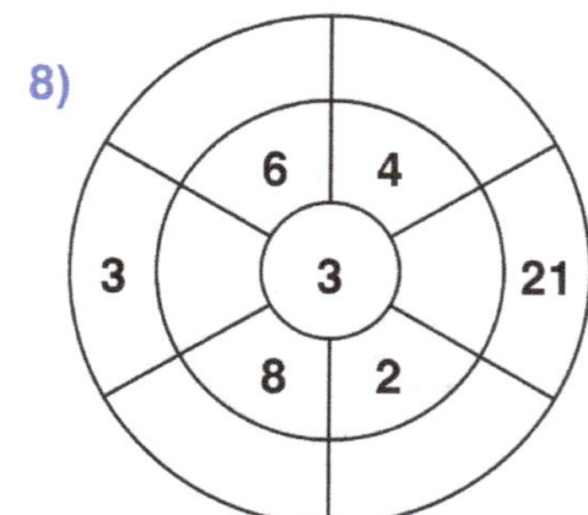

9) 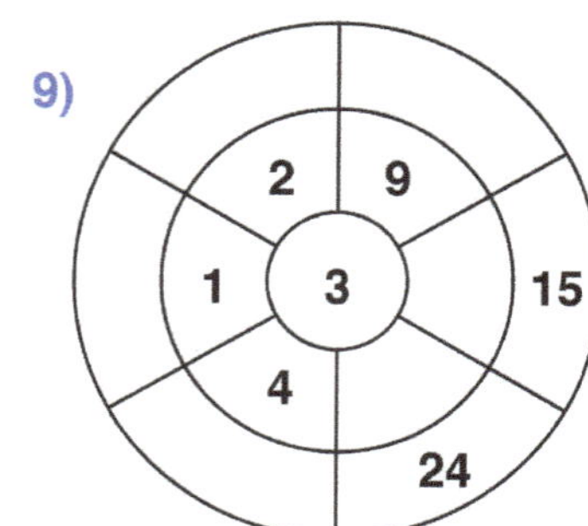

1) 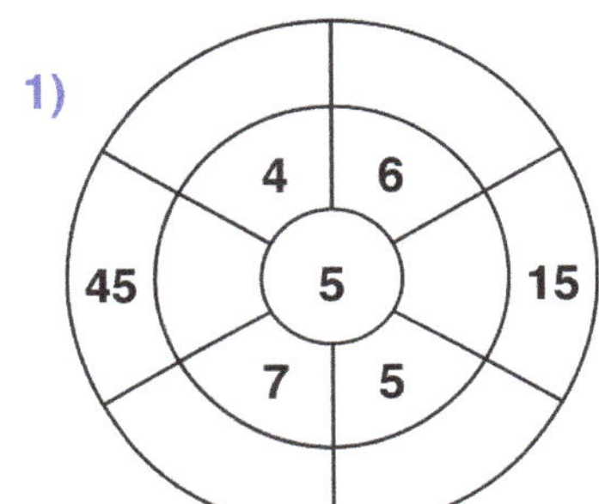
2) 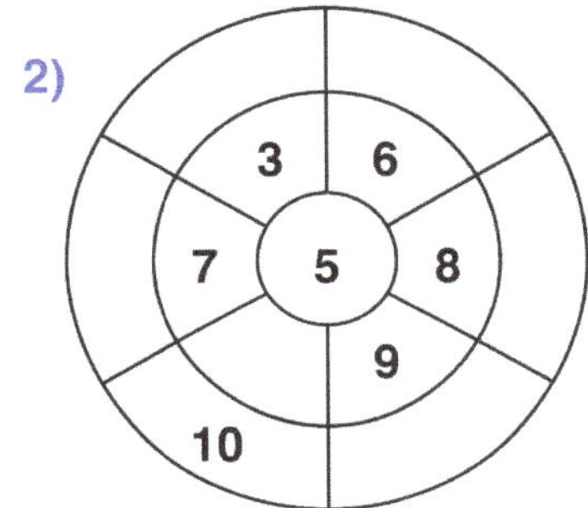
3) 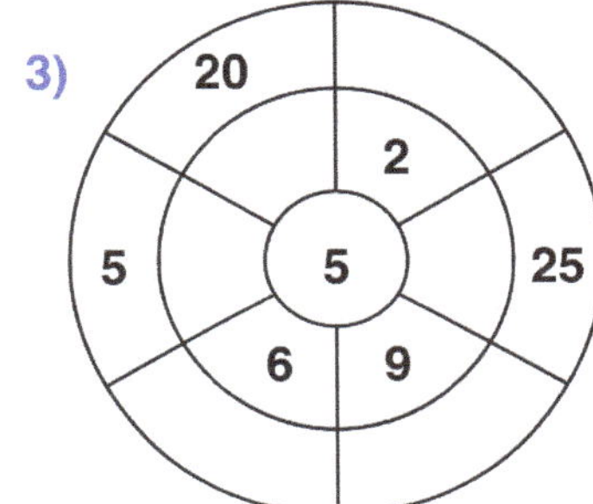

4) 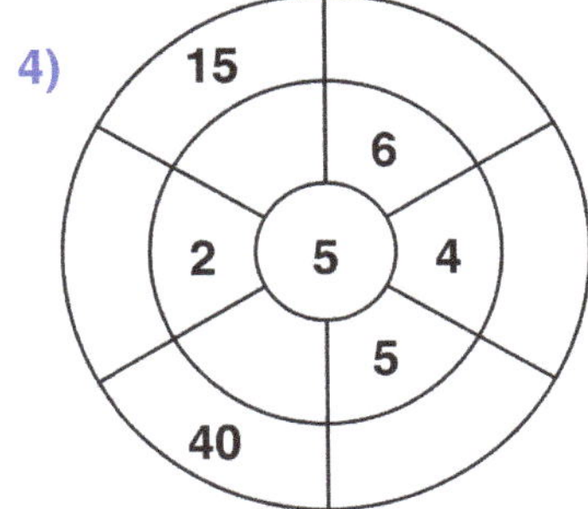
5) 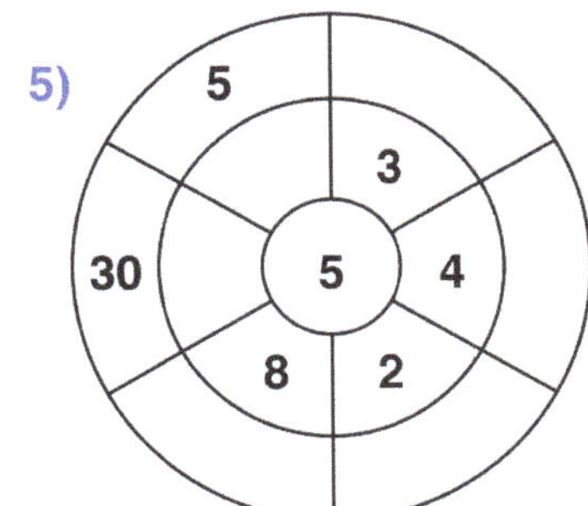
6) 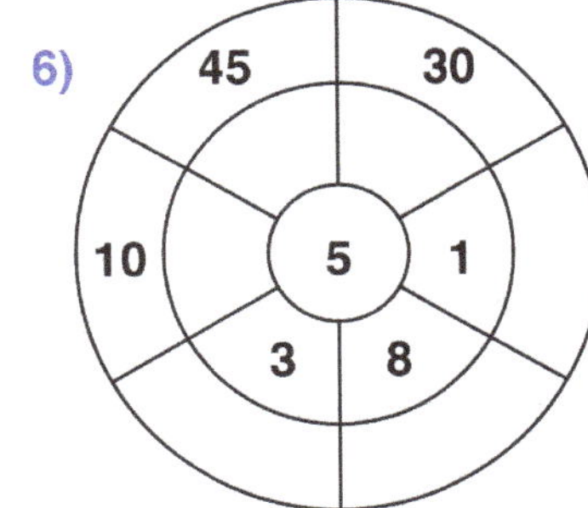

7) 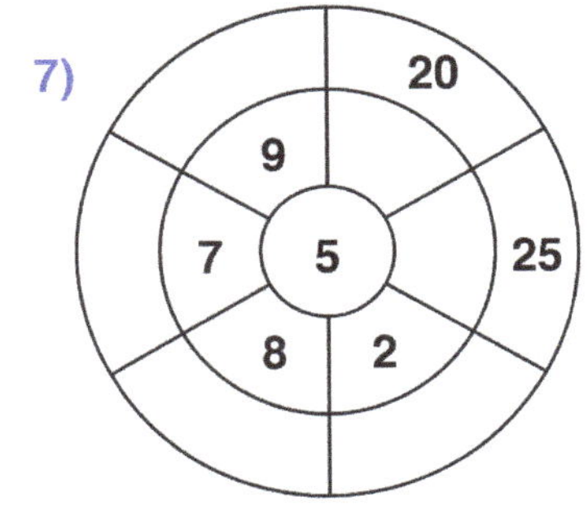
8) 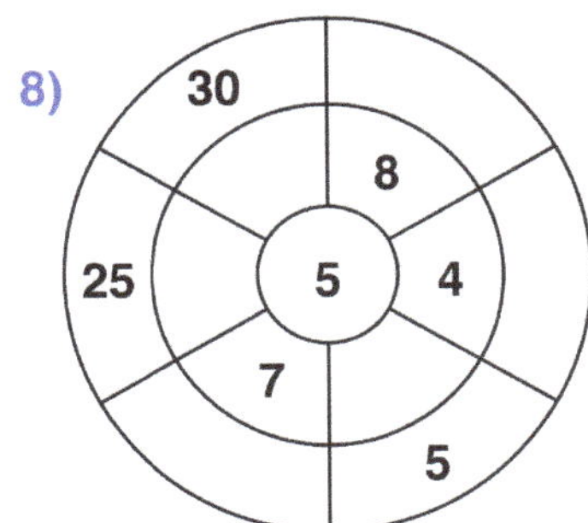
9) 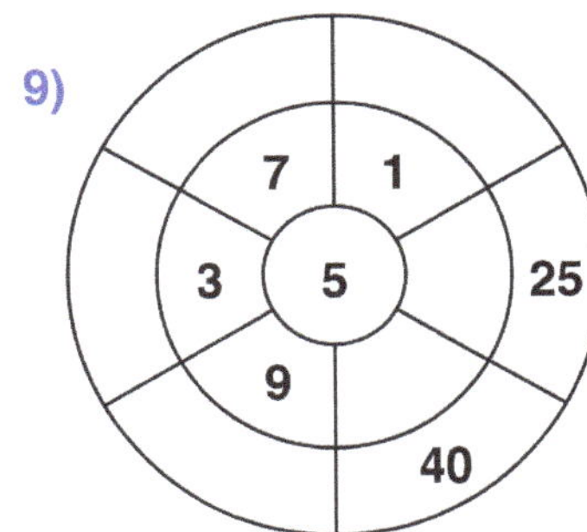

1)

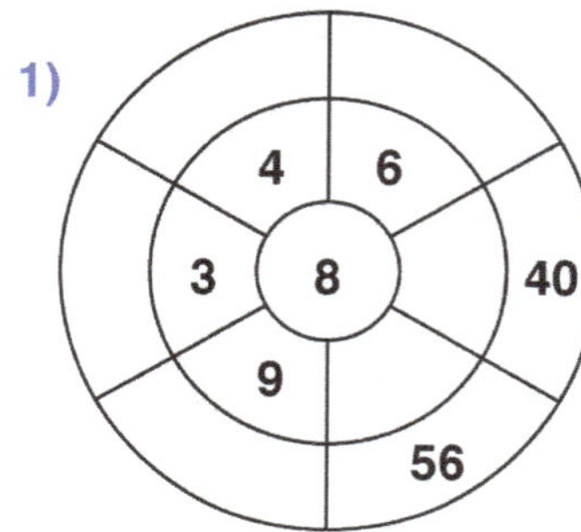

2)

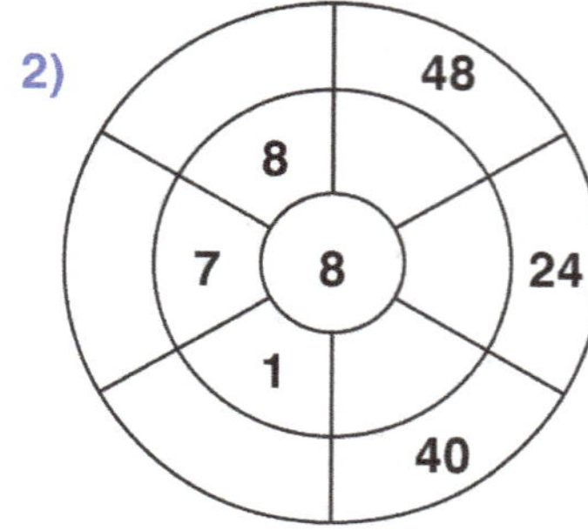

3)

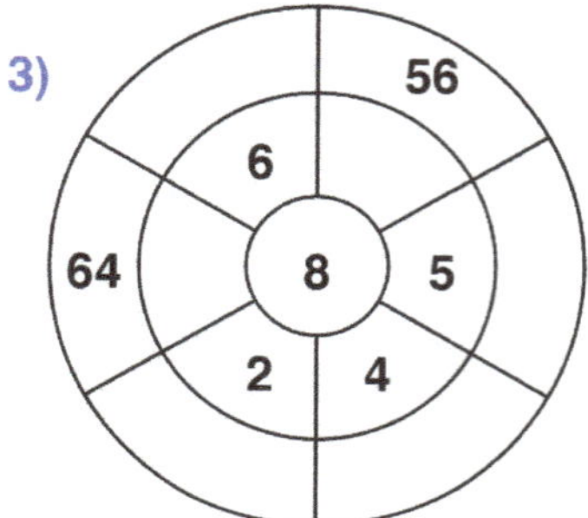

4)

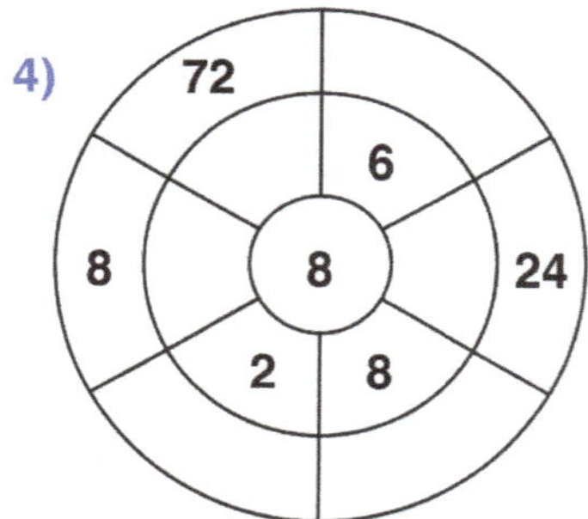

5)

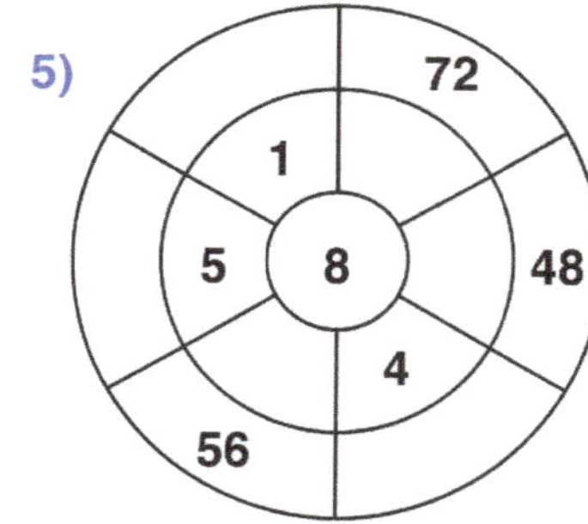

6)

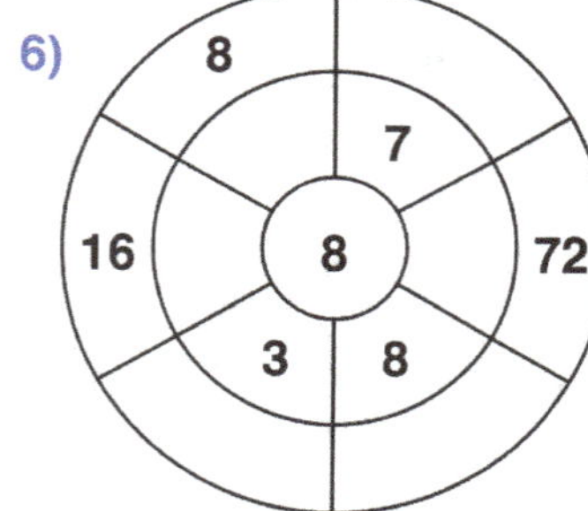

7)

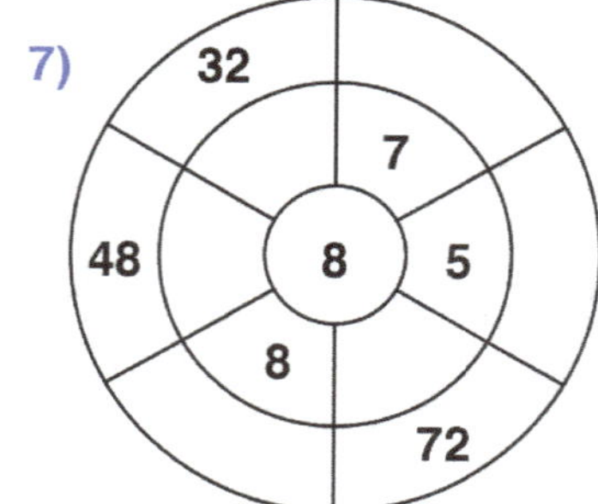

8)

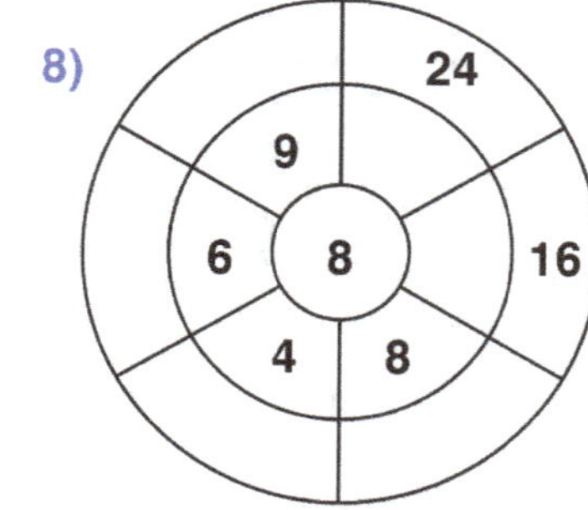

9)

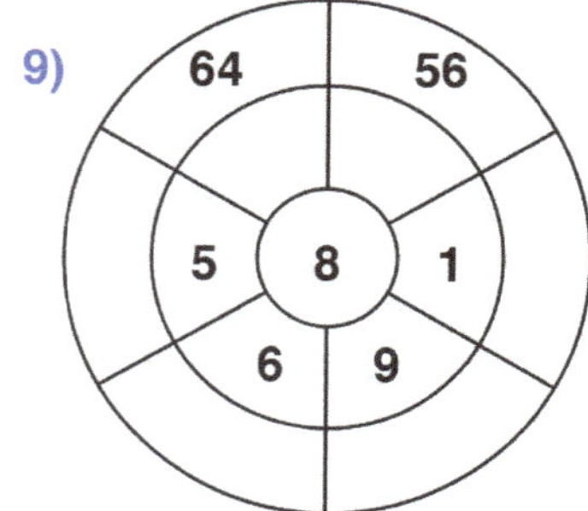

EXERCISE NO. 13

4
6
3
8
40
9
56

48
8
7
8
24
1
40

56
6
64
8
5
2
4

72
6
8
8
24
2
8

72
1
5
8
48
4
56

8
7
16
8
72
3
8

32
7
48
8
5
8
72

24
9
6
8
16
4
8

64
56
5
8
1
6
9

1)
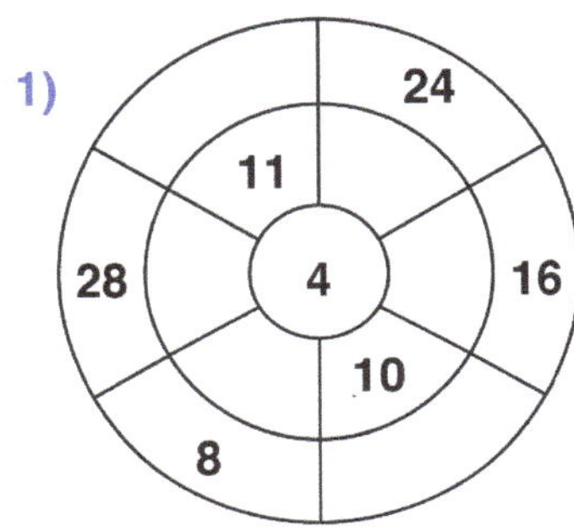

2)
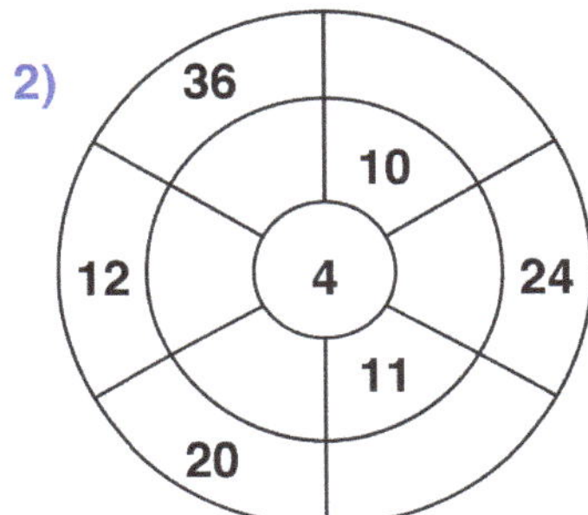

3)
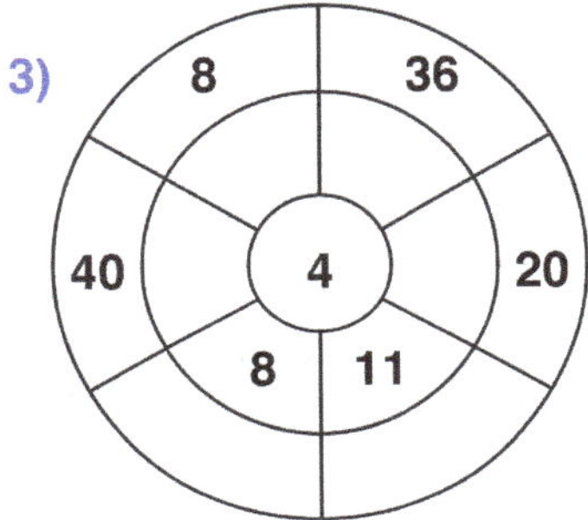

4)
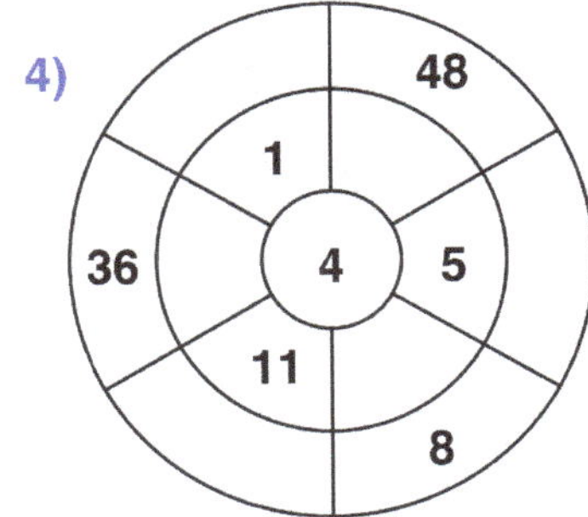

5)
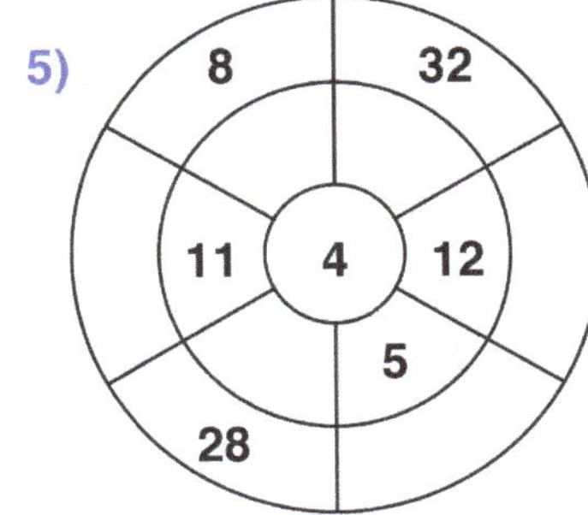

6)
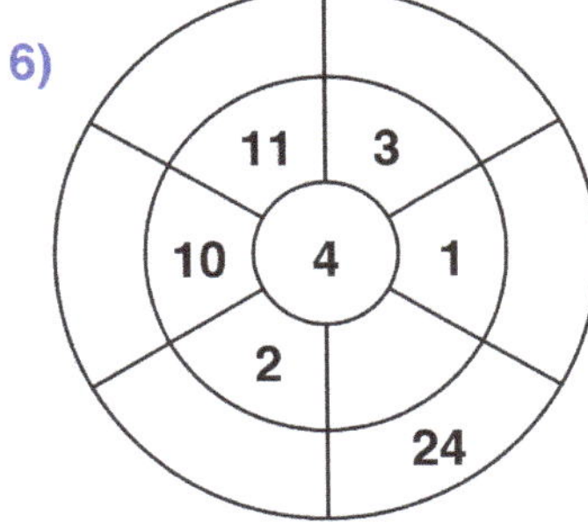

7)
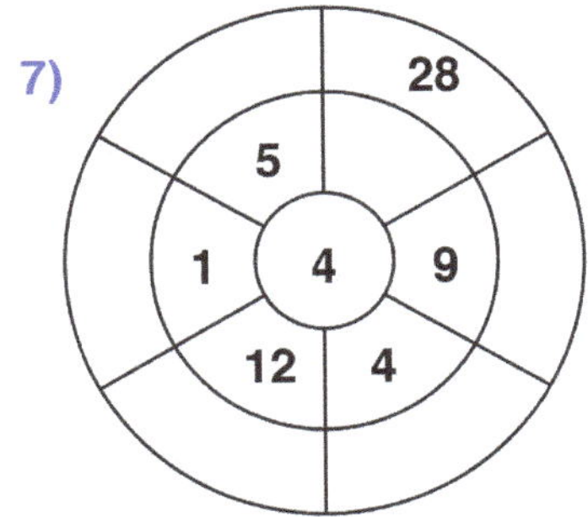

8)
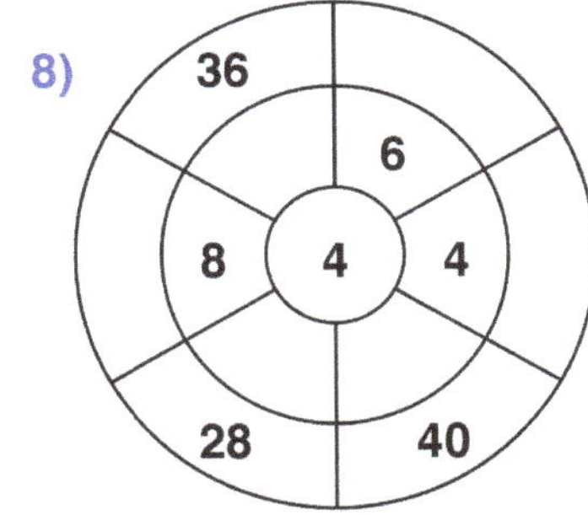

9)
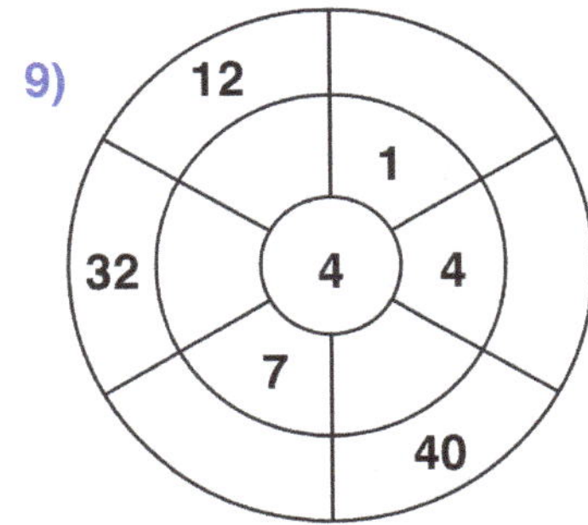

NOW LET'S TRY MORE FUN MULTIPLICATION ACTIVITIES!

8 x 2	5 x 9	11 x 12	7 x 6
7 x 12	4 x 2	4 x 2	6 x 11
8 x 12	8 x 7	4 x 12	6 x 12

2 x 10	4 x 1	6 x 3	7 x 4
1 x 8	10 x 7	7 x 5	7 x 1
11 x 11	4 x 3	7 x 9	1 x 6

4 x 8	11 x 1	7 x 1	1 x 8
12 x 10	4 x 9	9 x 7	8 x 4
3 x 11	1 x 3	8 x 11	11 x 4

12 x 4	3 x 7	3 x 2	9 x 7
8 x 9	5 x 5	9 x 7	5 x 10
1 x 9	4 x 1	5 x 7	3 x 6

8	1	12	10
x 11	x 4	x 7	x 7

3	3	7	8
x 3	x 12	x 8	x 1

9	9	11	4
x 8	x 7	x 5	x 6

10 × 8	6 × 8	2 × 10	11 × 3
7 × 10	2 × 9	4 × 8	2 × 8
6 × 8	10 × 9	5 × 8	2 × 5

EXERCISE NO. 21

12 x 5	10 x 1	9 x 2	9 x 5
10 x 1	9 x 1	9 x 6	9 x 2
12 x 4	12 x 7	11 x 5	11 x 1

11	9	12	12
x 2	x 1	x 5	x 6

9	10	10	10
x 4	x 5	x 3	x 8

12	9	9	9
x 8	x 1	x 7	x 4

```
    9        12         9         9
  x 5      x 6       x 8       x 1
```

```
   12        11        12        11
  x 8      x 2       x 6       x 8
```

```
   11        12         9        11
  x 7      x 2       x 6       x 1
```

| 9 | 10 | 10 | 12 |
| x 6 | x 6 | x 8 | x 1 |

| 10 | 10 | 11 | 11 |
| x 2 | x 8 | x 3 | x 1 |

| 11 | 11 | 10 | 11 |
| x 1 | x 6 | x 8 | x 6 |

| 82 | 24 | 55 | 54 |
| x 6 | x 7 | x 5 | x 7 |

| 41 | 82 | 22 | 67 |
| x 2 | x 5 | x 8 | x 6 |

| 42 | 87 | 92 | 89 |
| x 9 | x 3 | x 9 | x 5 |

40	87	95	96
x 5	x 5	x 3	x 8

38	28	64	16
x 8	x 6	x 8	x 2

18	77	56	53
x 9	x 6	x 4	x 6

34	23	86	22
x 9	x 8	x 3	x 9

36	79	20	45
x 2	x 2	x 2	x 7

45	93	94	67
x 8	x 3	x 8	x 7

EXERCISE NO. 28

90	61	14	89
x 5	x 6	x 2	x 9

25	23	54	30
x 6	x 9	x 5	x 2

67	95	95	68
x 9	x 7	x 7	x 7

48	75	49	25
x 4	x 4	x 9	x 3

29	89	58	56
x 6	x 4	x 5	x 5

77	83	75	32
x 6	x 3	x 3	x 9

85 x 7	32 x 9	40 x 5	72 x 5
40 x 8	90 x 8	21 x 2	90 x 7
54 x 9	53 x 9	73 x 2	65 x 7

38 x 9	23 x 6	44 x 3	24 x 9
19 x 6	50 x 8	71 x 5	24 x 3
40 x 6	72 x 6	12 x 4	63 x 5

99	35	95	94
x 6	x 8	x 9	x 2

68	97	68	92
x 3	x 3	x 3	x 2

71	71	24	81
x 7	x 7	x 8	x 9

EXERCISE NO. 33

51		54		87		54
x 5		x 6		x 7		x 3

16		64		29		64
x 5		x 8		x 5		x 6

42		68		20		29
x 8		x 7		x 7		x 9

27 x 6	24 x 2	83 x 8	83 x 4
30 x 9	88 x 8	36 x 8	87 x 7
47 x 4	23 x 8	86 x 4	14 x 2

448	343	393	164
x 2	x 3	x 8	x 7

807	601	697	549
x 7	x 7	x 7	x 9

164	233	446	620
x 3	x 9	x 8	x 7

EXERCISE NO. 36

493 x 8	294 x 6	712 x 6	852 x 7
813 x 6	488 x 7	718 x 8	584 x 3
520 x 7	212 x 2	366 x 6	337 x 7

763 x 4	600 x 6	474 x 3	681 x 8
397 x 7	624 x 4	776 x 2	292 x 3
585 x 7	830 x 8	453 x 3	126 x 3

757	134	695	294
x 5	x 5	x 8	x 3

516	307	468	401
x 4	x 7	x 3	x 2

459	574	161	665
x 9	x 3	x 6	x 9

| 720 | 284 | 378 | 370 |
| x 5 | x 5 | x 0 | x 9 |

| 250 | 158 | 494 | 281 |
| x 7 | x 9 | x 9 | x 7 |

| 555 | 676 | 176 | 440 |
| x 1 | x 2 | x 0 | x 4 |

EXERCISE NO. 40

554	201	686	545
x 1	x 9	x 6	x 1

544	975	921	647
x 7	x 3	x 1	x 0

137	292	275	552
x 6	x 5	x 4	x 3

FIND THE
MISSING FACTORS!

1) 40 x ___ = 1040

2) 840 = 35 x ___

3) 7 x ___ = 273

4) 336 = 28 x ___

5) 375 = ___ x 25

6) ___ x 32 = 1120

7) 8 x ___ = 312

8) 920 = ___ x 23

9) ___ x 36 = 828

10) 1184 = ___ x 32

1) __ x 30 = 150

2) 10 x __ = 270

3) 168 = 28 x __

4) 770 = __ x 22

5) 37 x __ = 259

6) 484 = __ x 22

7) 288 = __ x 32

8) __ x 5 = 150

9) 6 x __ = 66

10) 736 = 32 x __

1) $7 \times \underline{} = 175$

2) $5 \times \underline{} = 25$

3) $150 = \underline{} \times 30$

4) $144 = 6 \times \underline{}$

5) $440 = 40 \times \underline{}$

6) $\underline{} \times 30 = 330$

7) $672 = \underline{} \times 21$

8) $30 \times \underline{} = 660$

9) $663 = \underline{} \times 39$

10) $\underline{} \times 14 = 322$

EXERCISE NO. 44

1) 1440 = __ x 36

2) 16 x __ = 608

3) 77 = 7 x __

4) 6 x __ = 36

5) 231 = 11 x __

6) 323 = __ x 17

7) 672 = 32 x __

8) __ x 33 = 1089

9) 102 = __ x 6

10) __ x 10 = 230

ANSWERS!

1) 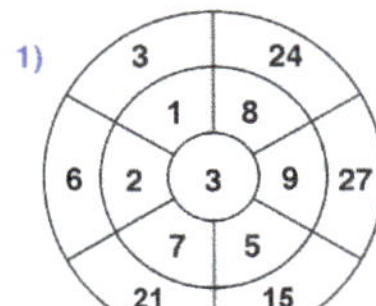
2) 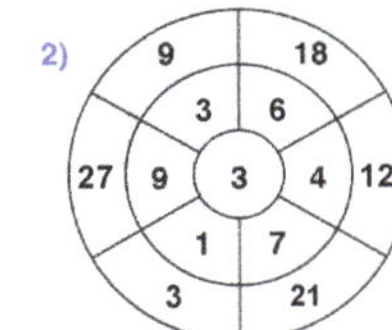
3) 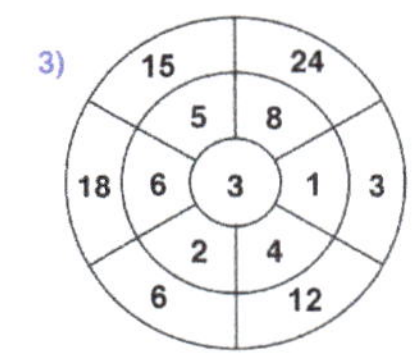

4) 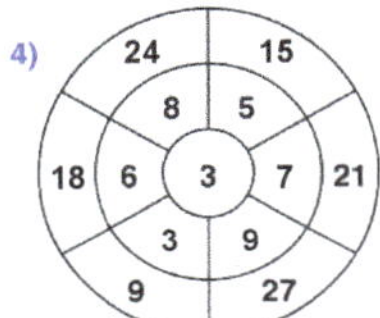
5) 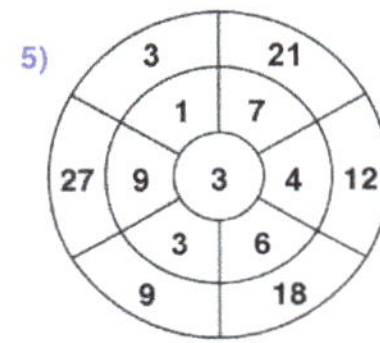
6) 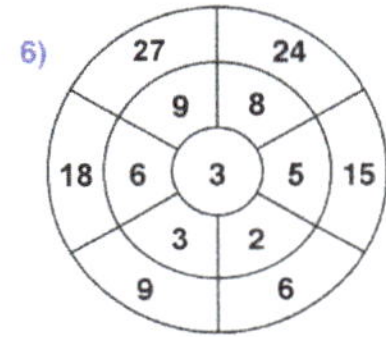

7) 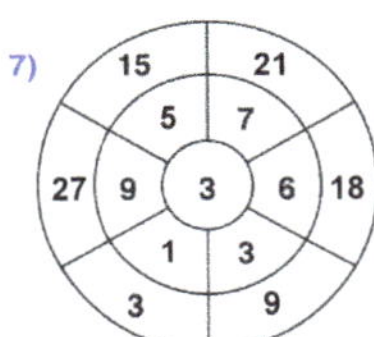
8) 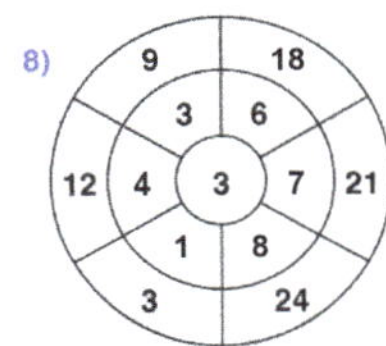
9) 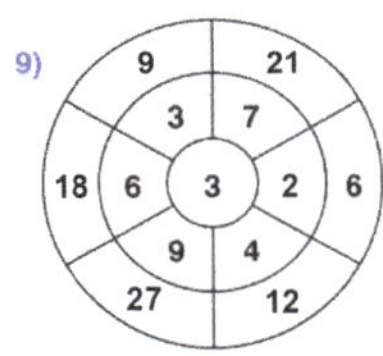

1) 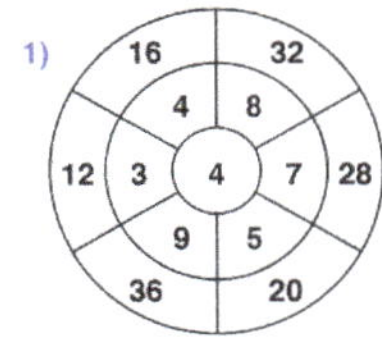
2) 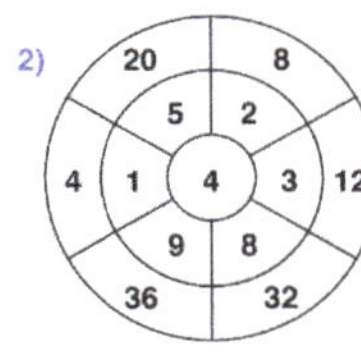
3) 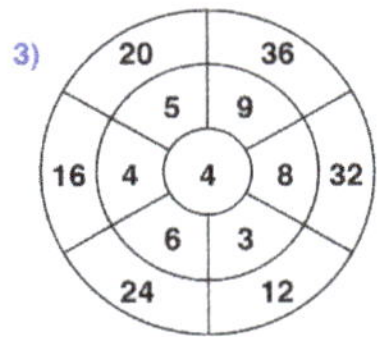

4) 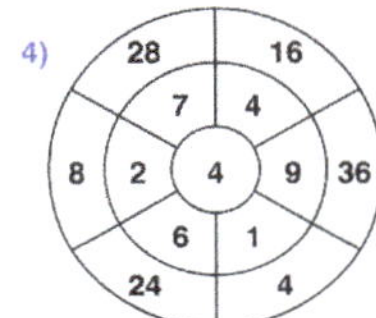
5) 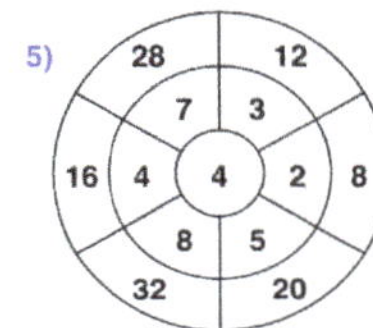
6) 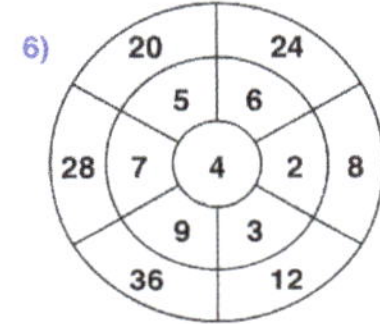

7) 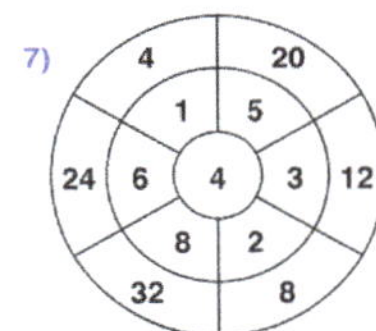
8) 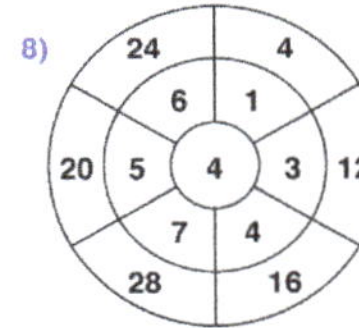
9) 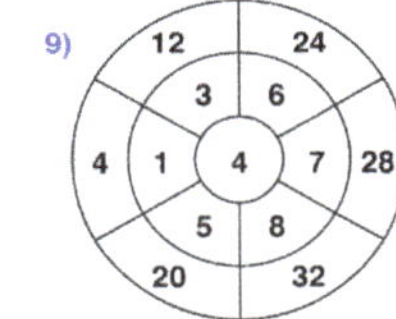

1) 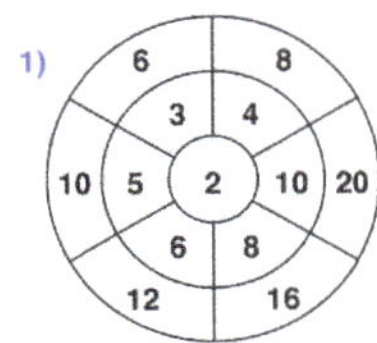
2) 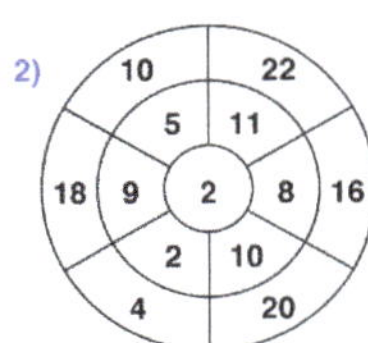
3) 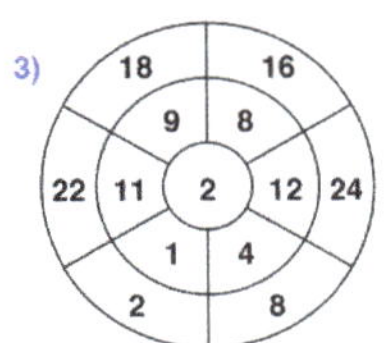

4) 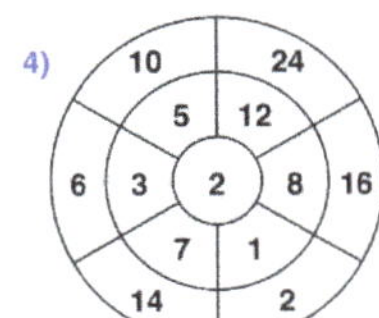
5) 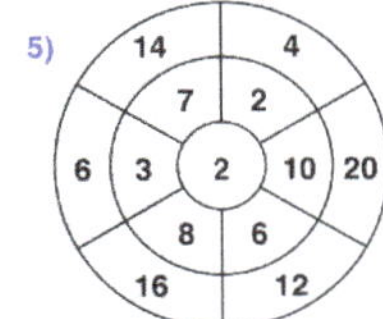
6) 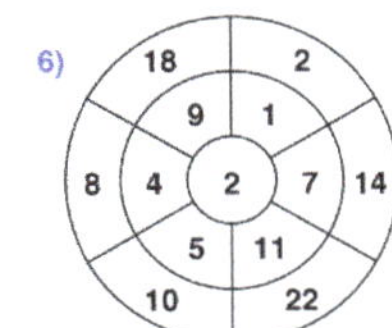

7) 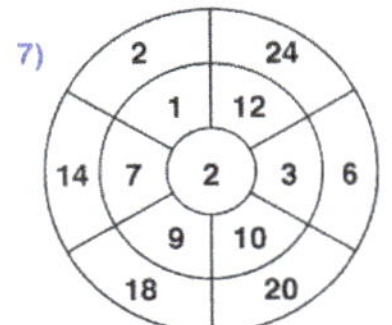
8) 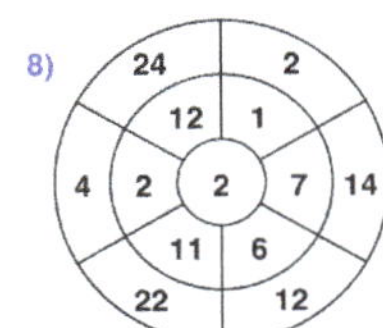
9) 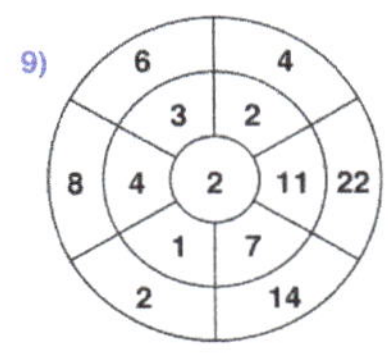

1) 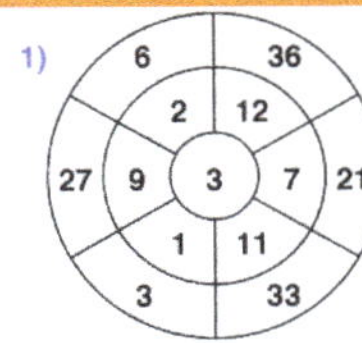
2) 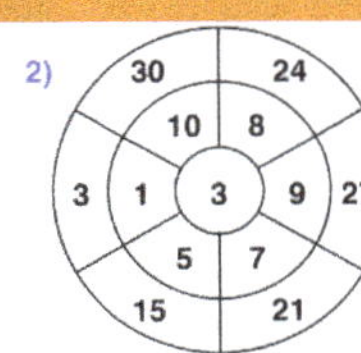
3) 

4) 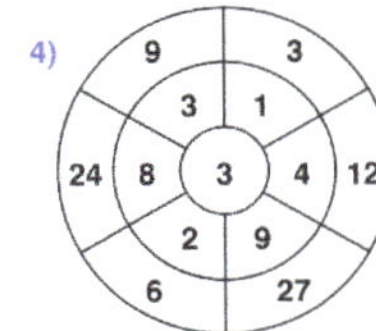
5) 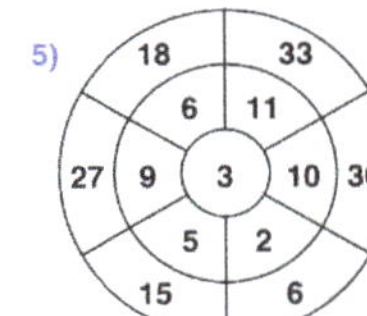
6) 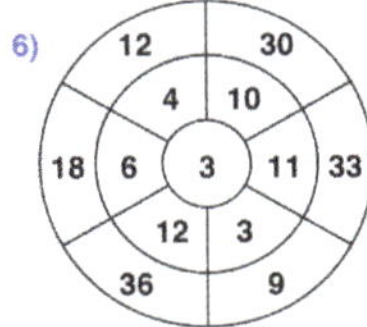

7) 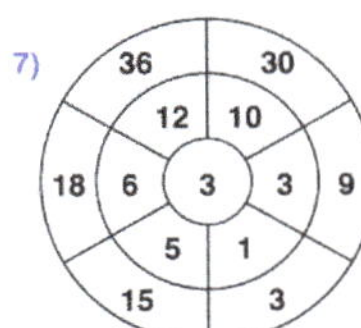
8) 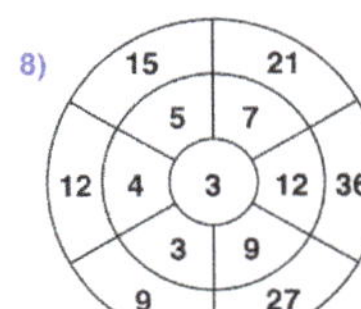
9) 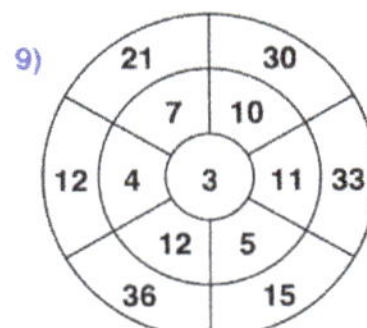

EXERCISE 5

1) 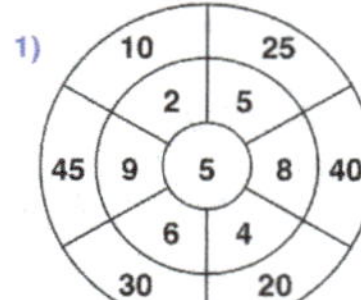

2) 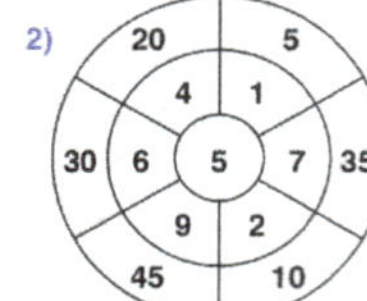

3) 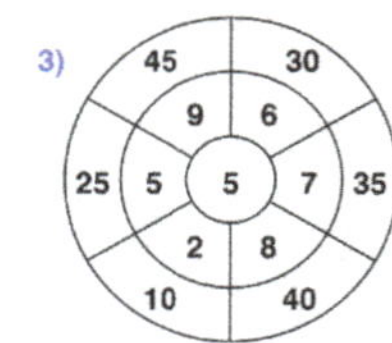

4) 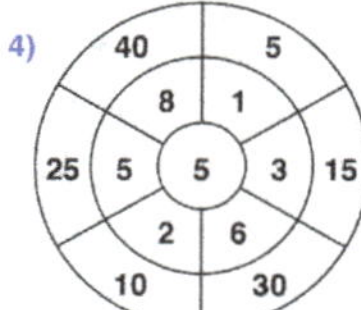

5) 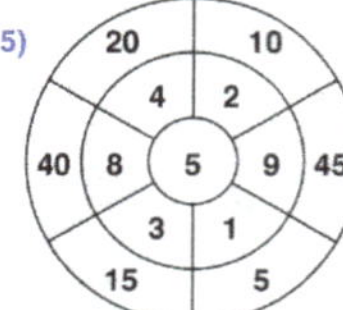

6) 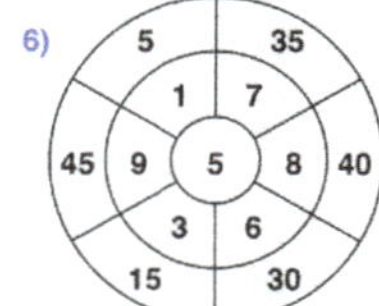

7) 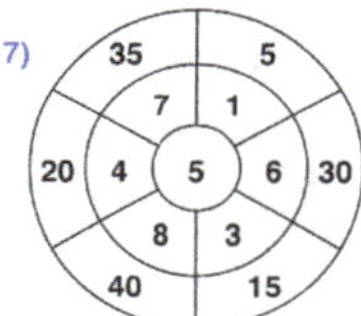

8) 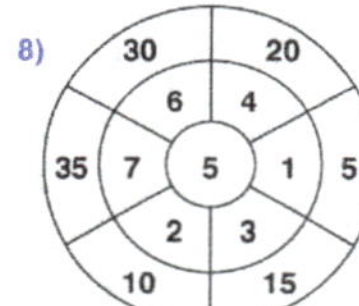

9) 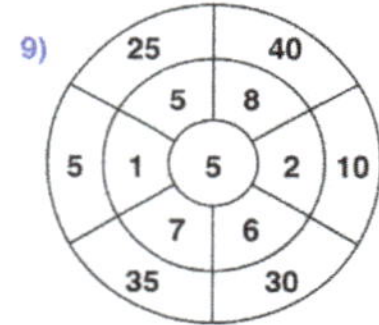

EXERCISE 7

1) 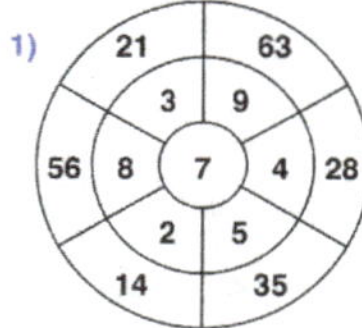

2) 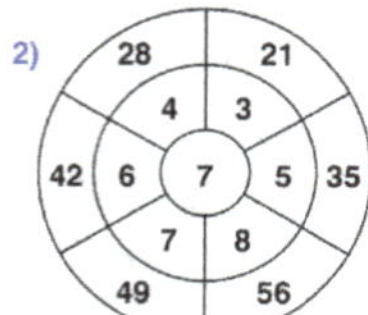

3) 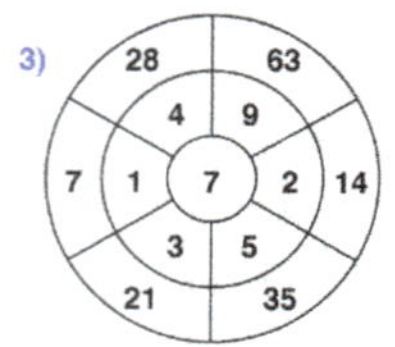

4) 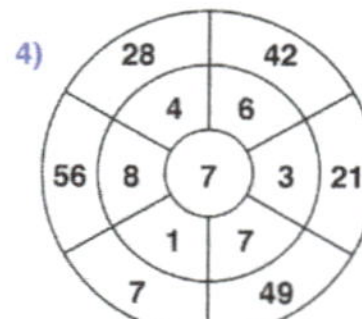

5) 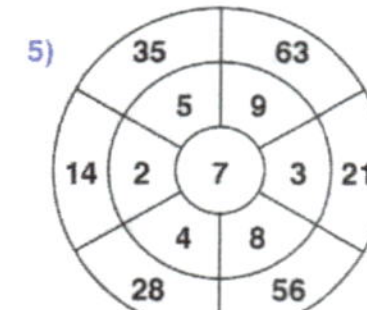

6) 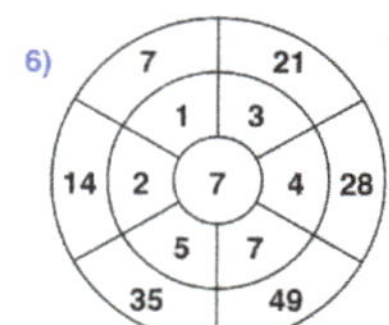

7) 

8) 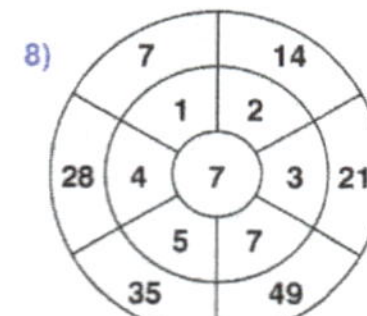

9) 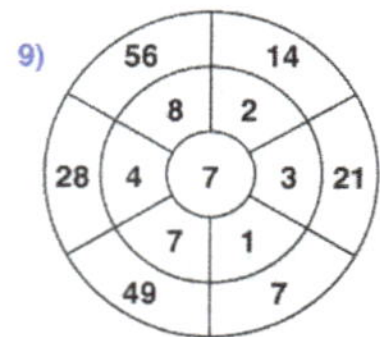

EXERCISE 6

1) 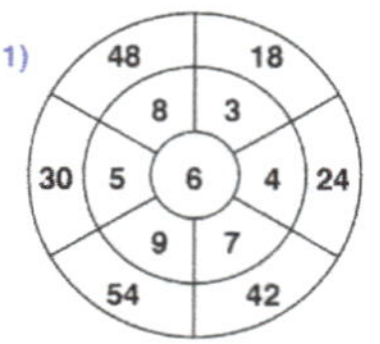

2) 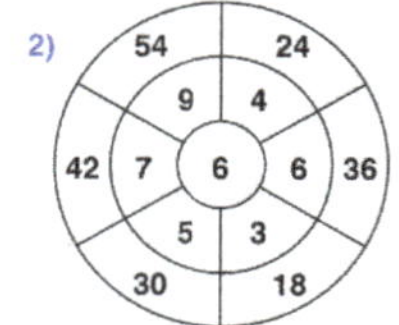

3) 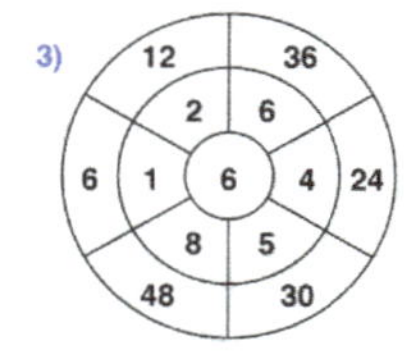

4) 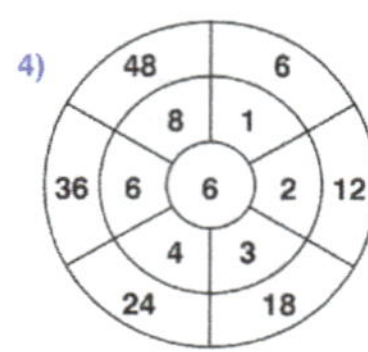

5) 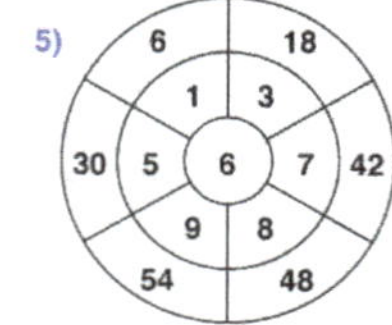

6) 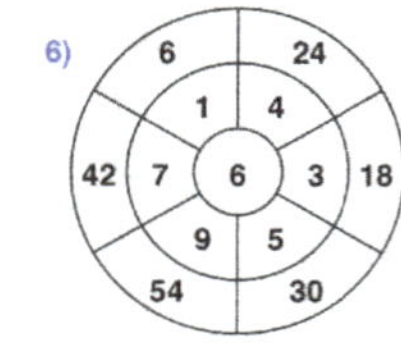

7) 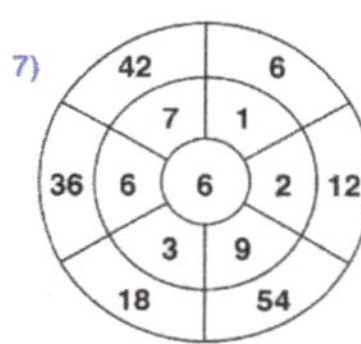

8) 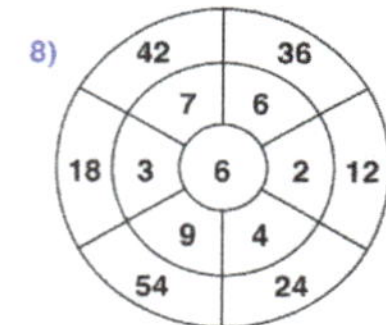

9) 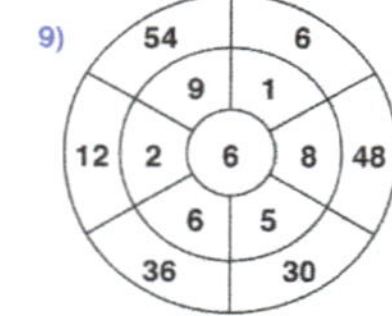

EXERCISE 8

1) 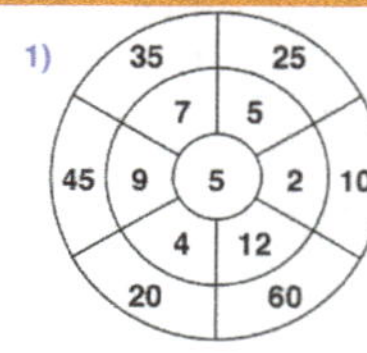

2) 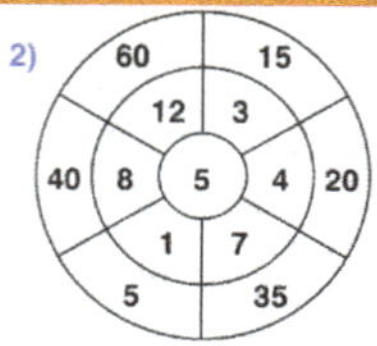

3) 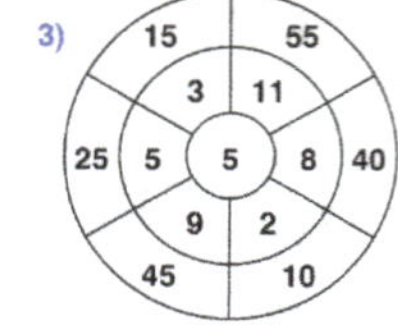

4) 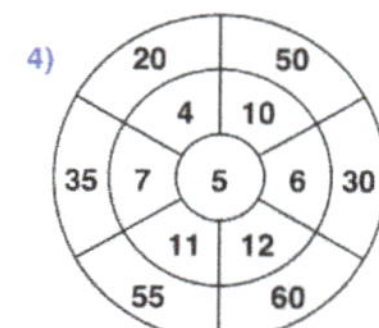

5) 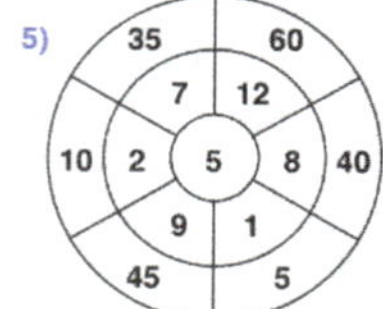

6) 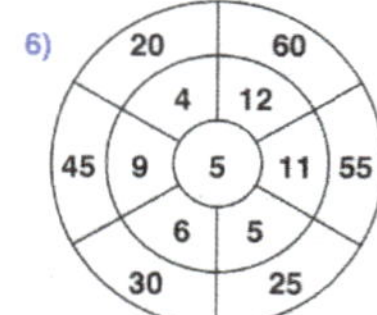

7) 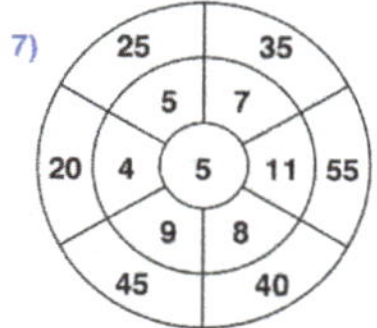

8) 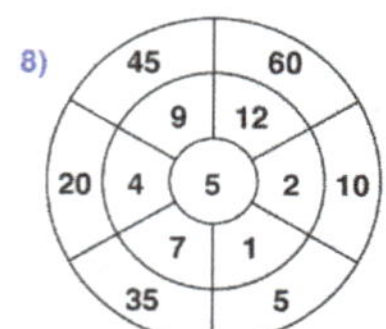

9) 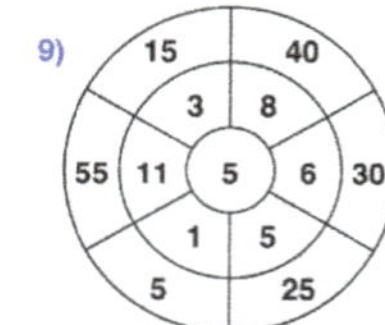

1) 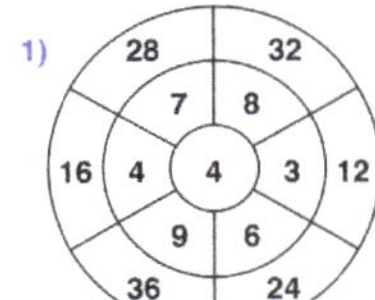
2) 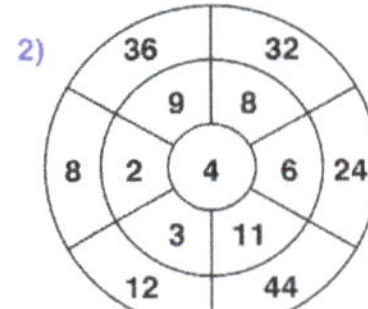
3) 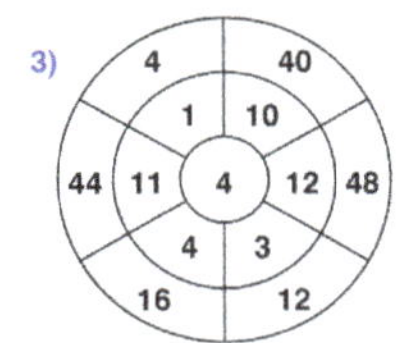

4) 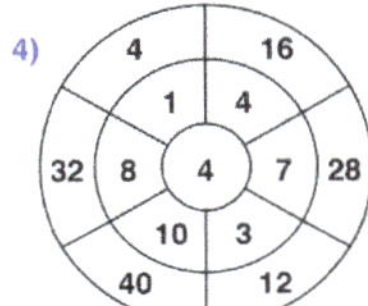
5) 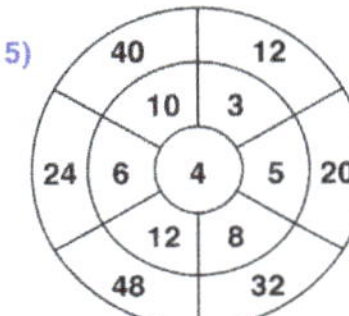
6) 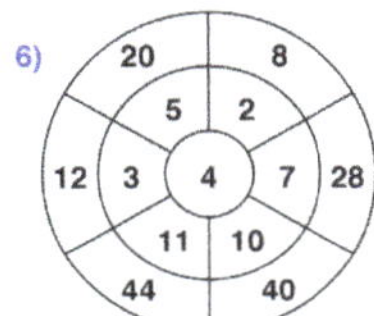

7) 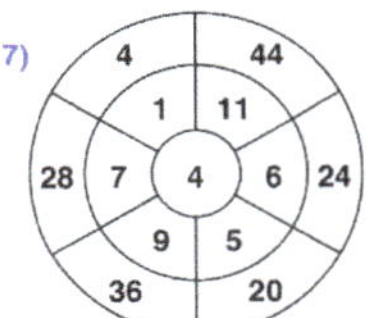
8) 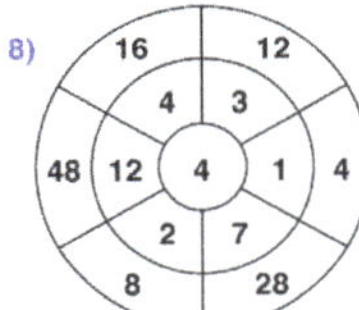
9) 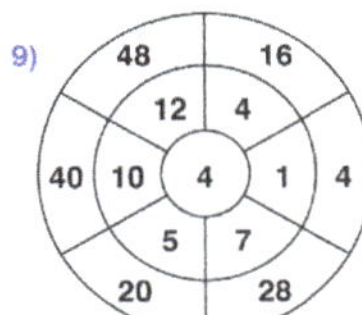

1) 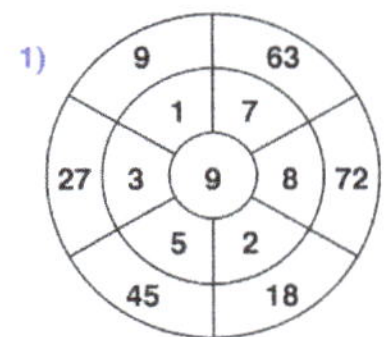
2) 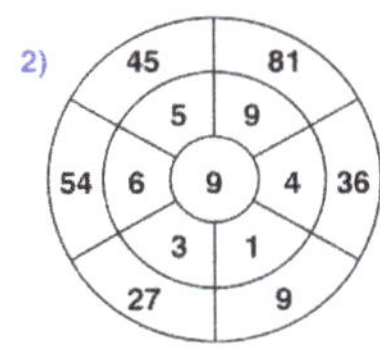
3) 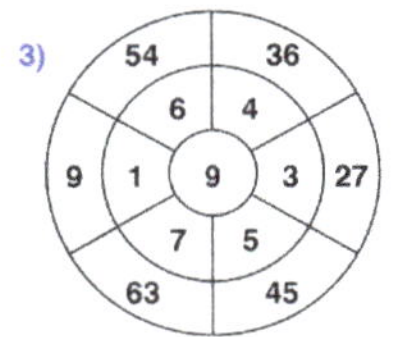

4) 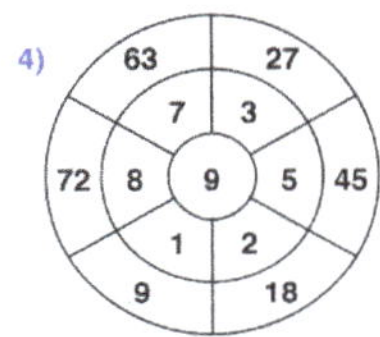
5) 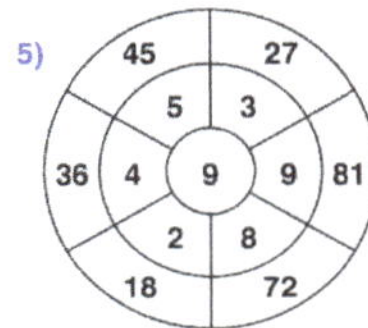
6) 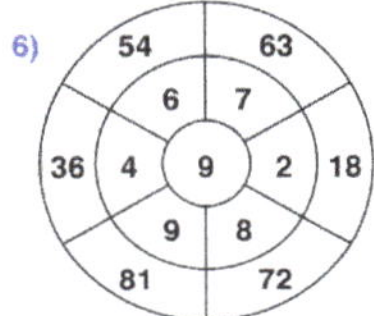

7) 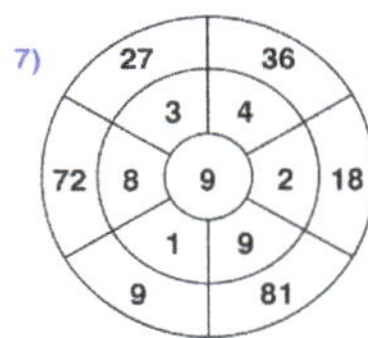
8) 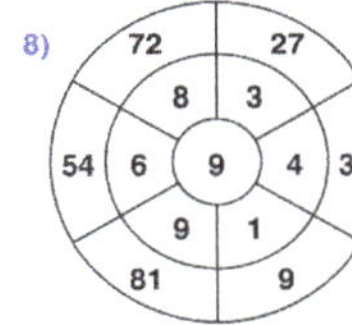
9) 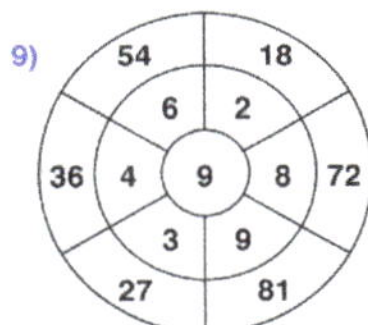

1) 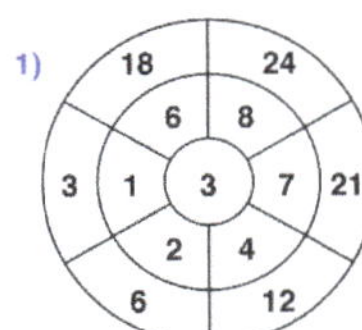
2) 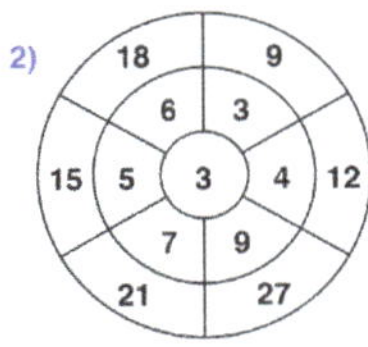
3) 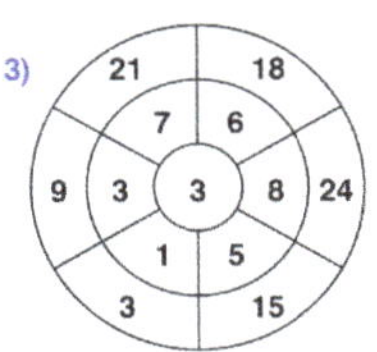

4) 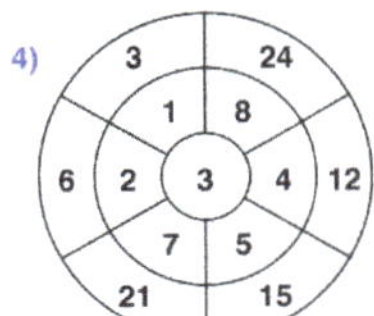
5) 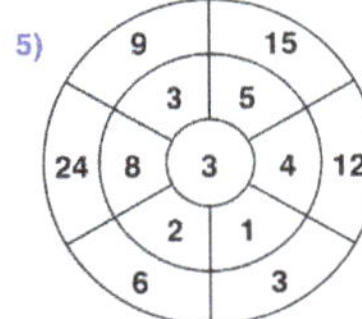
6) 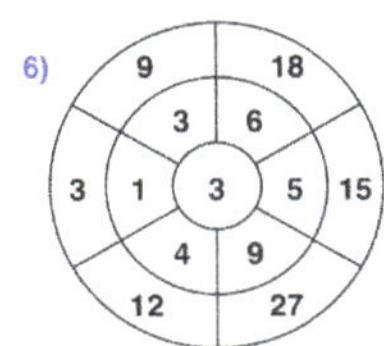

7) 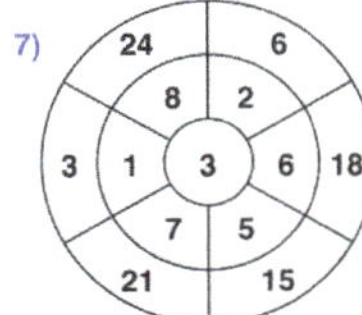
8) 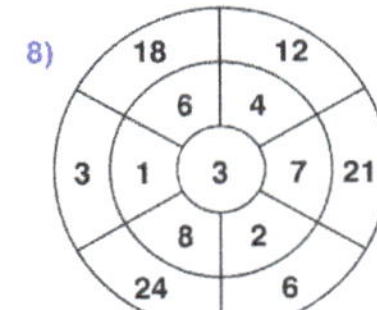
9) 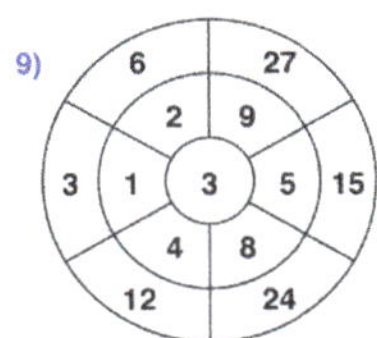

1) 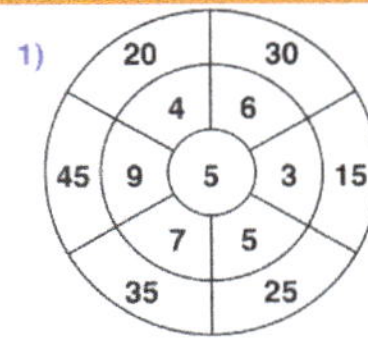
2) 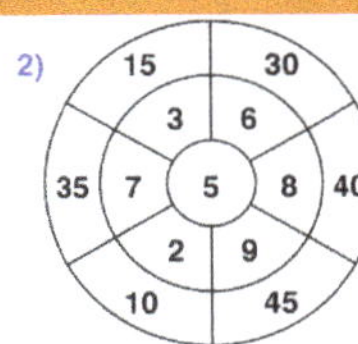
3) 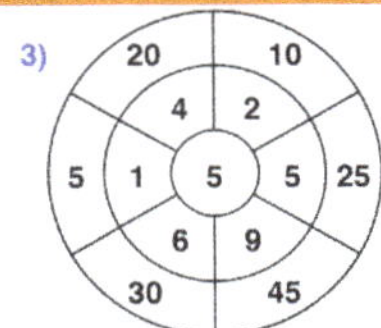

4) 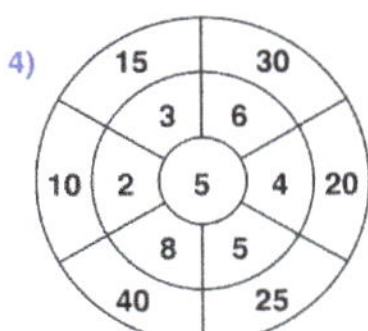
5) 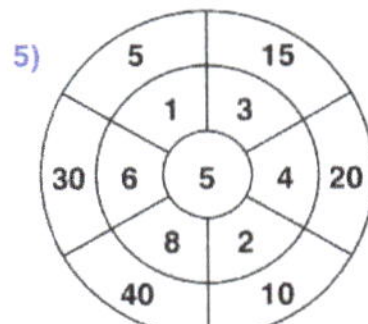
6) 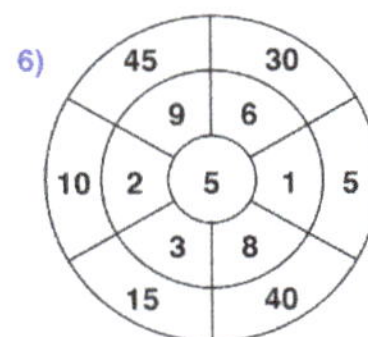

7) 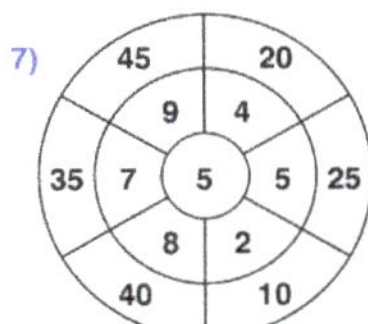
8) 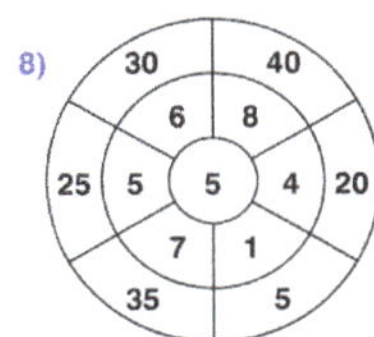
9) 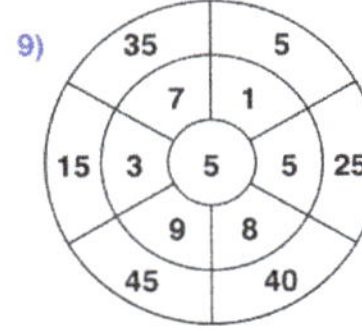

1) 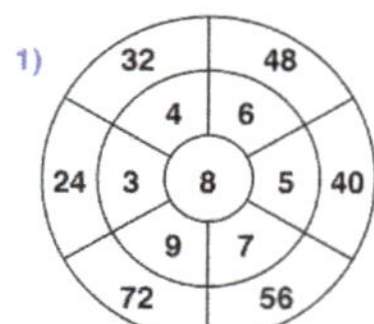
2) 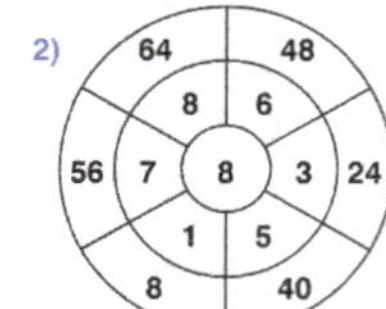
3) 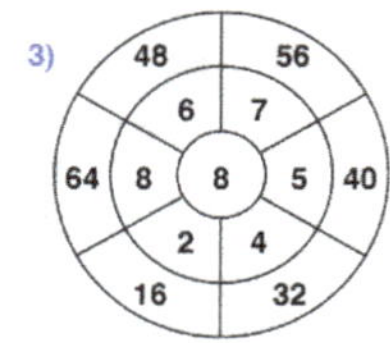

4) 
5) 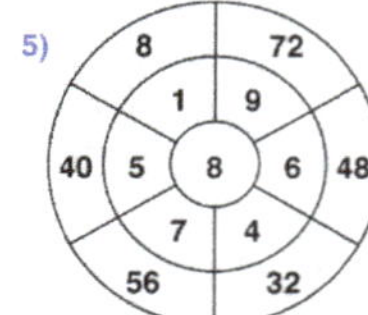
6)

7) 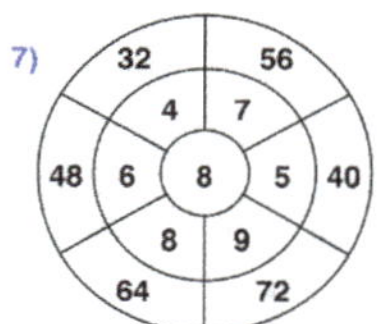
8) 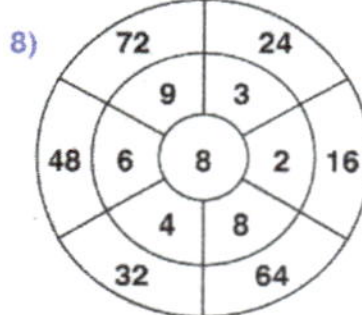
9) 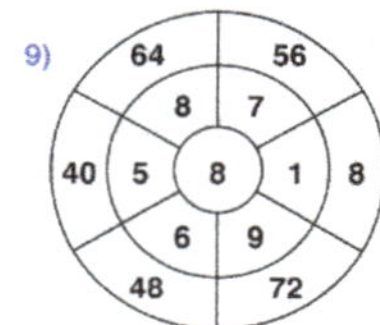

1) 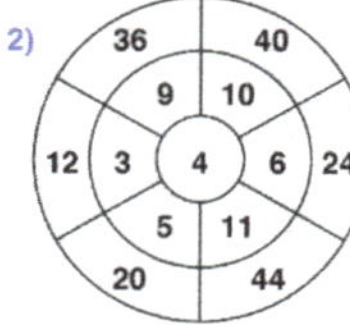
2) 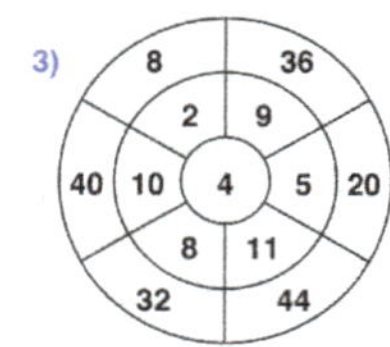
3) 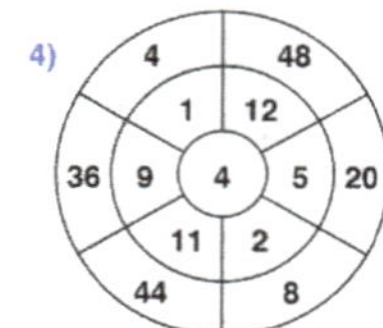

4) 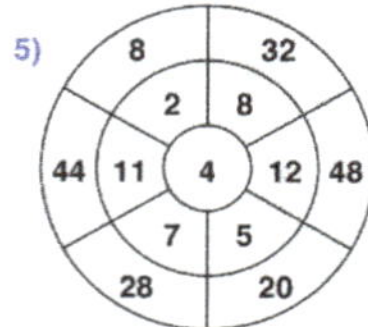
5) 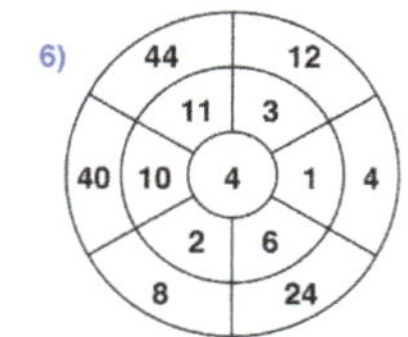
6) 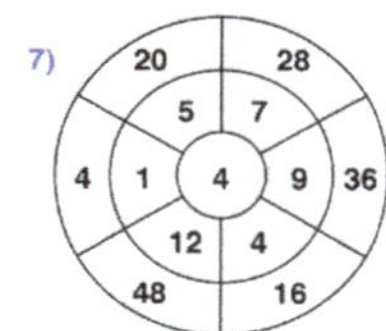

7) 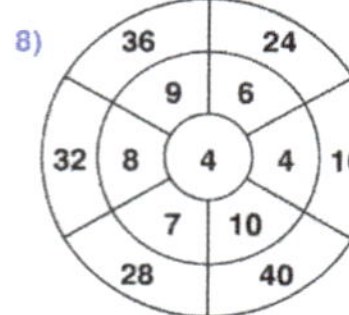
8) 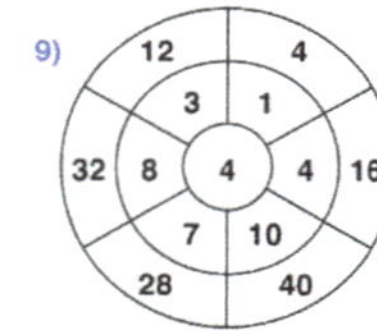
9)

EXERCISE 15

$$
\begin{array}{r} 8 \\ \times\ 2 \\ \hline 16 \end{array} \qquad
\begin{array}{r} 5 \\ \times\ 9 \\ \hline 45 \end{array} \qquad
\begin{array}{r} 11 \\ \times 12 \\ \hline 132 \end{array} \qquad
\begin{array}{r} 7 \\ \times\ 6 \\ \hline 42 \end{array}
$$

$$
\begin{array}{r} 7 \\ \times 12 \\ \hline 84 \end{array} \qquad
\begin{array}{r} 4 \\ \times\ 2 \\ \hline 8 \end{array} \qquad
\begin{array}{r} 4 \\ \times\ 2 \\ \hline 8 \end{array} \qquad
\begin{array}{r} 6 \\ \times 11 \\ \hline 66 \end{array}
$$

$$
\begin{array}{r} 8 \\ \times 12 \\ \hline 96 \end{array} \qquad
\begin{array}{r} 8 \\ \times\ 7 \\ \hline 56 \end{array} \qquad
\begin{array}{r} 4 \\ \times 12 \\ \hline 48 \end{array} \qquad
\begin{array}{r} 6 \\ \times 12 \\ \hline 72 \end{array}
$$

EXERCISE 16

$$
\begin{array}{r} 2 \\ \times 10 \\ \hline 20 \end{array} \qquad
\begin{array}{r} 4 \\ \times\ 1 \\ \hline 4 \end{array} \qquad
\begin{array}{r} 6 \\ \times\ 3 \\ \hline 18 \end{array} \qquad
\begin{array}{r} 7 \\ \times\ 4 \\ \hline 28 \end{array}
$$

$$
\begin{array}{r} 1 \\ \times\ 8 \\ \hline 8 \end{array} \qquad
\begin{array}{r} 10 \\ \times\ 7 \\ \hline 70 \end{array} \qquad
\begin{array}{r} 7 \\ \times\ 5 \\ \hline 35 \end{array} \qquad
\begin{array}{r} 7 \\ \times\ 1 \\ \hline 7 \end{array}
$$

$$
\begin{array}{r} 11 \\ \times 11 \\ \hline 121 \end{array} \qquad
\begin{array}{r} 4 \\ \times\ 3 \\ \hline 12 \end{array} \qquad
\begin{array}{r} 7 \\ \times\ 9 \\ \hline 63 \end{array} \qquad
\begin{array}{r} 1 \\ \times\ 6 \\ \hline 6 \end{array}
$$

```
   4         11          7          1
 x 8        x 1        x 1        x 8
 ---        ---        ---        ---
  32         11          7          8


  12          4          9          8
 x10        x 9        x 7        x 4
 ---        ---        ---        ---
 120         36         63         32


   3          1          8         11
 x11        x 3        x11        x 4
 ---        ---        ---        ---
  33          3         88         44
```



```
  12          3          3          9
 x 4        x 7        x 2        x 7
 ---        ---        ---        ---
  48         21          6         63


   8          5          9          5
 x 9        x 5        x 7        x10
 ---        ---        ---        ---
  72         25         63         50


   1          4          5          3
 x 9        x 1        x 7        x 6
 ---        ---        ---        ---
   9          4         35         18
```



```
   8          1         12         10
 x11        x 4        x 7        x 7
 ---        ---        ---        ---
  88          4         84         70


   3          3          7          8
 x 3        x12        x 8        x 1
 ---        ---        ---        ---
   9         36         56          8


   9          9         11          4
 x 8        x 7        x 5        x 6
 ---        ---        ---        ---
  72         63         55         24
```



```
  10          6          2         11
 x 8        x 8        x10        x 3
 ---        ---        ---        ---
  80         48         20         33


   7          2          4          2
 x10        x 9        x 8        x 8
 ---        ---        ---        ---
  70         18         32         16


   6         10          5          2
 x 8        x 9        x 8        x 5
 ---        ---        ---        ---
  48         90         40         10
```

```
  12        10         9         9
x  5      x  1       x  2      x  5
----      ----       ----      ----
  60        10        18        45


  10         9         9         9
x  1      x  1       x  6      x  2
----      ----       ----      ----
  10         9        54        18


  12        12        11        11
x  4      x  7       x  5      x  1
----      ----       ----      ----
  48        84        55        11
```



```
  11         9        12        12
x  2      x  1       x  5      x  6
----      ----       ----      ----
  22         9        60        72


   9        10        10        10
x  4      x  5       x  3      x  8
----      ----       ----      ----
  36        50        30        80


  12         9         9         9
x  8      x  1       x  7      x  4
----      ----       ----      ----
  96         9        63        36
```



```
   9        12         9         9
x  5      x  6       x  8      x  1
----      ----       ----      ----
  45        72        72         9


  12        11        12        11
x  8      x  2       x  6      x  8
----      ----       ----      ----
  96        22        72        88


  11        12         9        11
x  7      x  2       x  6      x  1
----      ----       ----      ----
  77        24        54        11
```



```
   9        10        10        12
x  6      x  6       x  8      x  1
----      ----       ----      ----
  54        60        80        12


  10        10        11        11
x  2      x  8       x  3      x  1
----      ----       ----      ----
  20        80        33        11


  11        11        10        11
x  1      x  6       x  8      x  6
----      ----       ----      ----
  11        66        80        66
```

```
  82        24        55        54
x  6      x  7      x  5      x  7
-----     -----     -----     -----
 492       168       275       378

  41        82        22        67
x  2      x  5      x  8      x  6
-----     -----     -----     -----
  82       410       176       402

  42        87        92        89
x  9      x  3      x  9      x  5
-----     -----     -----     -----
 378       261       828       445
```



```
  40        87        95        96
x  5      x  5      x  3      x  8
-----     -----     -----     -----
 200       435       285       768

  38        28        64        16
x  8      x  6      x  8      x  2
-----     -----     -----     -----
 304       168       512        32

  18        77        56        53
x  9      x  6      x  4      x  6
-----     -----     -----     -----
 162       462       224       318
```



```
  34        23        86        22
x  9      x  8      x  3      x  9
-----     -----     -----     -----
 306       184       258       198

  36        79        20        45
x  2      x  2      x  2      x  7
-----     -----     -----     -----
  72       158        40       315

  45        93        94        67
x  8      x  3      x  8      x  7
-----     -----     -----     -----
 360       279       752       469
```



```
  90        61        14        89
x  5      x  6      x  2      x  9
-----     -----     -----     -----
 450       366        28       801

  25        23        54        30
x  6      x  9      x  5      x  2
-----     -----     -----     -----
 150       207       270        60

  67        95        95        68
x  9      x  7      x  7      x  7
-----     -----     -----     -----
 603       665       665       476
```

48 × 4 **192**	75 × 4 **300**	49 × 9 **441**	25 × 3 **75**
29 × 6 **174**	89 × 4 **356**	58 × 5 **290**	56 × 5 **280**
77 × 6 **462**	83 × 3 **249**	75 × 3 **225**	32 × 9 **288**

85 × 7 **595**	32 × 9 **288**	40 × 5 **200**	72 × 5 **360**
40 × 8 **320**	90 × 8 **720**	21 × 2 **42**	90 × 7 **630**
54 × 9 **486**	53 × 9 **477**	73 × 2 **146**	65 × 7 **455**

38 × 9 **342**	23 × 6 **138**	44 × 3 **132**	24 × 9 **216**
19 × 6 **114**	50 × 8 **400**	71 × 5 **355**	24 × 3 **72**
40 × 6 **240**	72 × 6 **432**	12 × 4 **48**	63 × 5 **315**

99 × 6 **594**	35 × 8 **280**	95 × 9 **855**	94 × 2 **188**
68 × 3 **204**	97 × 3 **291**	68 × 3 **204**	92 × 2 **184**
71 × 7 **497**	71 × 7 **497**	24 × 8 **192**	81 × 9 **729**

```
    51        54        87        54
  x  5      x  6      x  7      x  3
  ----      ----      ----      ----
   255       324       609       162


    16        64        29        64
  x  5      x  8      x  5      x  6
  ----      ----      ----      ----
    80       512       145       384


    42        68        20        29
  x  8      x  7      x  7      x  9
  ----      ----      ----      ----
   336       476       140       261
```



```
    27        24        83        83
  x  6      x  2      x  8      x  4
  ----      ----      ----      ----
   162        48       664       332


    30        88        36        87
  x  9      x  8      x  8      x  7
  ----      ----      ----      ----
   270       704       288       609


    47        23        86        14
  x  4      x  8      x  4      x  2
  ----      ----      ----      ----
   188       184       344        28
```



```
   448       343       393       164
  x  2      x  3      x  8      x  7
  ----      ----      ----      ----
   896      1029      3144      1148


   807       601       697       549
  x  7      x  7      x  7      x  9
  ----      ----      ----      ----
  5649      4207      4879      4941


   164       233       446       620
  x  3      x  9      x  8      x  7
  ----      ----      ----      ----
   492      2097      3568      4340
```



```
   493       294       712       852
  x  8      x  6      x  6      x  7
  ----      ----      ----      ----
  3944      1764      4272      5964


   813       488       718       584
  x  6      x  7      x  8      x  3
  ----      ----      ----      ----
  4878      3416      5744      1752


   520       212       366       337
  x  7      x  2      x  6      x  7
  ----      ----      ----      ----
  3640       424      2196      2359
```

EXERCISE 37

763 × 4 ――― 3052	600 × 6 ――― 3600	474 × 3 ――― 1422	681 × 8 ――― 5448
397 × 7 ――― 2779	624 × 4 ――― 2496	776 × 2 ――― 1552	292 × 3 ――― 876
585 × 7 ――― 4095	830 × 8 ――― 6640	453 × 3 ――― 1359	126 × 3 ――― 378

EXERCISE 38

757 × 5 ――― 3785	134 × 5 ――― 670	695 × 8 ――― 5560	294 × 3 ――― 882
516 × 4 ――― 2064	307 × 7 ――― 2149	468 × 3 ――― 1404	401 × 2 ――― 802
459 × 9 ――― 4131	574 × 3 ――― 1722	161 × 6 ――― 966	665 × 9 ――― 5985

EXERCISE 39

720 × 5 ――― 3600	284 × 5 ――― 1420	378 × 0 ――― 0	370 × 9 ――― 3330
250 × 7 ――― 1750	158 × 9 ――― 1422	494 × 9 ――― 4446	281 × 7 ――― 1967
555 × 1 ――― 555	676 × 2 ――― 1352	176 × 0 ――― 0	440 × 4 ――― 1760

EXERCISE 40

554 × 1 ――― 554	201 × 9 ――― 1809	686 × 6 ――― 4116	545 × 1 ――― 545
544 × 7 ――― 3808	975 × 3 ――― 2925	921 × 1 ――― 921	647 × 0 ――― 0
137 × 6 ――― 822	292 × 5 ――― 1460	275 × 4 ――― 1100	552 × 3 ――― 1656

1) 40 x 26 = 1040
2) 840 = 35 x 24
3) 7 x 39 = 273
4) 336 = 28 x 12
5) 375 = 15 x 25
6) 35 x 32 = 1120
7) 8 x 39 = 312
8) 920 = 40 x 23
9) 23 x 36 = 828
10) 1184 = 37 x 32

1) 5 x 30 = 150
2) 10 x 27 = 270
3) 168 = 28 x 6
4) 770 = 35 x 22
5) 37 x 7 = 259
6) 484 = 22 x 22
7) 288 = 9 x 32
8) 30 x 5 = 150
9) 6 x 11 = 66
10) 736 = 32 x 23

1) 7 x 25 = 175
2) 5 x 5 = 25
3) 150 = 5 x 30
4) 144 = 6 x 24
5) 440 = 40 x 11
6) 11 x 30 = 330
7) 672 = 32 x 21
8) 30 x 22 = 660
9) 663 = 17 x 39
10) 23 x 14 = 322

1) 1440 = 40 x 36
2) 16 x 38 = 608
3) 77 = 7 x 11
4) 6 x 6 = 36
5) 231 = 11 x 21
6) 323 = 19 x 17
7) 672 = 32 x 21
8) 33 x 33 = 1089
9) 102 = 17 x 6
10) 23 x 10 = 230

Visit
BABY PROFESSOR
EDUCATION KIDS
www.BabyProfessorBooks.com
to download Free Baby Professor eBooks
and view our catalog of new and exciting
Children's Books